Daniel
PAUTRAT
Avec la collaboration
de Jean-Louis Gazignaire

DANIEL PAUTRAT RACONTE LES PLUS BELLES HISTOIRES DU TOUR DE FRANCE

Daniel
PAUTRAT

DANIEL PAUTRAT RACONTE LES PLUS BELLES HISTOIRES DU TOUR DE FRANCE

MAREUIL
ÉDITIONS

Après avoir remporté quelques victoires en amateur à l'UC Berry et être monté sur le podium du championnat de France universitaire, Daniel Pautrat a débuté à la radio à 20 ans sur France Inter. Dix ans après, il est passé à la télévision, ORTF puis TF1, avant de lancer et de diriger Eurosport en 1991. Daniel Pautrat a publié plusieurs livres sur les jeux Olympiques et le cyclisme, en particulier *Mémoires du Tour de France* en 2017 (Mareuil Éditions).

Jean-Louis Gazignaire fut licencié au Véloce Club de Tours avant de devenir journaliste à *Miroir-Sprint*, au *Miroir du Cyclisme*, puis d'exercer au *Figaro*, où il a été critique de télévision, puis reporter, et pour lequel il a suivi le Tour de France. Il a déjà publié plusieurs livres, dont *Lech Walesa l'espoir, Gamma-Sygma l'âge d'or du photojournalisme, Zlatan le phénomène Ibrahimovic*, ou son dernier roman *Victor ou la folle idée.*

ISBN 978-2-372-54086-5
Pour vous tenir informé des prochaines publications de Mareuil Éditions, rendez-vous sur : www.mareuil-editions.com

SOMMAIRE

Chapitre 1

Une épopée, des héros... La légende du Tour de France !

Ce siècle avait trois ans et par bonheur, par chance
deux jeunes farfelus lançaient le Tour de France !

Ils portaient fièrement leurs initiales V. H., Victor, Henri, et ils écrivaient la première page d'une légende des cycles aussi riche et tumultueuse que l'œuvre monumentale de VH le plus célèbre barbu du XIXe siècle. Victor Hugo, dans sa *Légende des siècles*[1] avait dépeint majestueusement dans une suite de poèmes, l'histoire et l'évolution de l'humanité.

En créant le Tour de France en 1903, Victor Goddet et Henri Desgrange, dans la lignée de Pierre de Coubertin qui venait de relancer les jeux Olympiques, offraient à "l'homme moderne" cher au baron, le plus beau des terrains de jeu pour tenter d'aller plus vite, plus haut, plus fort... et pour continuer d'écrire l'histoire et l'évolution de l'humanité au travers du sport et des athlètes !

---

1. Même si les alexandrins parodiés "Ce siècle avait deux ans..." ouvrent en fait les *Feuilles d'Automne.*

Dans *La Légende des siècles*, considérée comme la seule véritable épopée française et qu'il avait sous-titrée Les petites épopées, le poète s'est moqué de l'exactitude historique pour s'attacher à des figures obscures, réelles ou inventées, qui incarnent ou symbolisent leur siècle. Tout comme les “géants de la route”, vainqueurs prestigieux ou *gregarii* anonymes ont célébré et continuent à jalonner notre histoire contemporaine depuis plus d'un siècle.

«Victor Hugo a ferraillé toute sa vie, juge l'homme d'affaires breton François Pinault qui finance la restauration de la maison d'exil du poète à Guernesey. C'était un personnage comme on en trouve peu par siècle, il aurait pu être breton ! ». Il l'était en partie... « naquit d'un sang breton et lorrain à la fois », écrit-il dans son fameux poème. Comme Bobet, Robic, Hinault... ou Petit-Breton !

Le Tour de France est arrivé 20 ans trop tard pour qu'il s'y intéresse, mais ce nouveau sport cycliste ne devait pas lui être totalement étranger car c'est son secrétaire Richard Lesclide, qui a lancé le 7 novembre 1869, la première grande course vélocipédique internationale Paris-Rouen.

Trois ou quatre boxeurs, autant de tennismen, quelques athlètes et une dizaine de footballeurs ont survécu à l'usure du temps alors que les champions cyclistes par leurs exploits et leur personnalité sont beaucoup plus nombreux dans le dictionnaire des célébrités.

Lors d'un déjeuner à Monaco avec les anciens joueurs rémois : Kopa, Fontaine, Piantoni, Hidalgo, où ils me demandaient de leur raconter les coulisses du Tour, la vie sentimentale étonnante de Jacques Anquetil, l'entraînement à la Vietto, les frasques d'Hassenforder, les coups de gueule de Géminiani, Kopa s'est tourné vers ses coéquipiers pour regretter la monotonie de leur vie de footballeur :

« Qu'est-ce qu'on faisait, nous ? Entraînement, voyage en train ou autocar, belote, match, massage, décrassage, entraînement, train… Peu d'anecdotes, rien d'épique… ».

Chacun se souvient du duel Anquetil-Poulidor dans le Tour 1964 alors que le héros des jeux Olympiques de Tokyo, la même année, le nageur américain Don Schollander avec ses 4 médailles d'or est oublié depuis longtemps par tout le monde… sauf par moi car j'ai toujours le maillot de bain US qu'il m'avait offert !

Il fait partie de mes trophées avec la pipe de Faber, la selle de Darrigade champion du monde, une blouse d'Antonin Magne, un maillot jaune d'Indurain, une roue lenticulaire de Moser recordman du monde de l'heure, et… le revolver qu'avait toujours André Leducq dans la boîte à gants de sa voiture !

De Maurice Garin 1903 à Christopher Froome 2017, ils sont 61, les vainqueurs des 104 Tours de France, et aucun ne laisse indifférent. Si l'on ajoute la demi-douzaine de héros malheureux, on revit vraiment une saga fantastique. Du "petit ramoneur" au "Kényan blanc" ils sont tous là, prêts à évoquer leurs exploits, à se moquer de leurs voisins, moustaches en guidon de course, boyaux enroulés autour des épaules, casques profilés ou casquette de "titi parisien" avec une feuille de chou sur le crâne pour se protéger du soleil… ou une escalope dans le cuissard pour doubler la peau de chamois, roue en bois ou roue lenticulaire, cale-pieds, oreillettes, bidon de bordeaux avec du sucre, maillots de laine ou combinaison aérodynamique et ce drôle de truc né dans les années 1930 qu'on appelle dérailleur et qui est même devenu électrique, et top du top… les freins à disque !

Il y a là le plus jeune vainqueur de tous les temps, un gamin de 20 ans, Henri Cornet qui n'a appris sa victoire qu'au mois de novembre après le déclassement des 4 premiers du Tour 1904, et Trousselier, l'un des fondateurs du plus ancien club français, le Vélo Club de Levallois, qui lui a succédé et qui ne comprend pas comment son ami René Pottier, du VCL lui aussi, le premier roi de la montagne qui ne souriait jamais, en est arrivé à se pendre dans l'atelier Peugeot à Levallois quelques mois après sa victoire de 1906, un chagrin d'amour paraît-il. Petit-Breton est fier d'avoir réussi le premier doublé 1907-1908, il permet au cyclisme français de remporter les six premiers Tours et d'en gagner deux autres en 1910 et 1911 avec Lapize et Garrigou, après le succès du Luxembourgeois de Colombes, le phénoménal François Faber, et avant la domination des Belges Defraye et Philippe Thys. La guerre va interrompre le Tour pendant 4 ans et emporter Faber, Lapize et Petit-Breton qui ne seront pas allés au bout de leurs rêves. Tout comme un autre conflit planétaire, une vingtaine d'années plus tard, ne permettra pas aux *campionissimi* Coppi et Bartali de bâtir les plus beaux palmarès de l'histoire du cyclisme.

Ces deux guerres ont été fatales au "Vieux Gaulois" Eugène Christophe, et au "Roi René" Vietto qui n'ont pas pu s'inscrire au palmarès du Tour, leurs plus belles années leur ont été volées. Ils composent avec "Poupou" Raymond Poulidor – qui a lui aussi laissé une partie de son énergie dans la guerre d'Algérie – le *trio* de la malchance, mais leurs noms restent à jamais plus célèbres que ceux de la plupart des vainqueurs.

J'ai eu la chance de croiser la route de 44 des 61 vainqueurs des Tours 1903 à 2017, (je compte Lance Armstrong qui ne faisait rien pour se rendre sympathique mais qui a tout de même triomphé à sept reprises... et n'a été disqualifié que bien plus tard) tous les maillots jaunes depuis la reprise en 1947, et ceux des années 1930 Leducq, Magne,

Speicher, Lapébie, Maes (Romain) qui étaient encore de ce monde en 1976 et que j'avais réunis sur une sextuplette des cycles Lejeune pour mon film *Les Étapes de la gloire*. Je regrette seulement de ne pas avoir connu les Pélissier...

Grâce à André Leducq, j'ai pu recueillir les souvenirs d'un coureur d'avant 1914 Eugène Dhers, témoignage vécu du cyclisme héroïque, et ceux de la femme de François Faber, le "Géant de Colombes" dont Eugène Christophe qui avait disputé son 1er Tour en 1906, et avait porté le premier maillot jaune en 1919, m'avait dit, chez lui à Malakoff, « qu'il était le plus grand de tous »... Et je ne suis pas loin de partager son avis !

Pour le Petit Robert, la légende, c'est :

1. Le récit de la vie d'un saint destiné à être lu à l'office des matines.
2. Le récit populaire traditionnel plus ou moins fabuleux.
3. La représentation de faits ou de personnages réels, accrédités dans l'opinion, mais déformés ou amplifiés par l'imagination, la partialité.

Les champions cyclistes ne sont pas tous des saints – « il n'y a pas de place pour les gars à auréole dans un peloton », affirme Raphaël Géminiani –, mais les récits de leurs exploits atteignent souvent le fabuleux sans même avoir besoin d'être amplifiés par l'imagination des hérauts à plume, micro ou caméra qui les suivent autant qu'ils le peuvent. Mais qui n'ont quand même jamais accès au cœur du peloton. Un jour, dans un championnat de France des années 1980, j'avais mis un micro autour du cou de Pascal Poisson, coéquipier de Bernard Hinault. Pendant une vingtaine de kilomètres il nous avait fait vivre la course de l'intérieur, c'était superbe ! Mais le lendemain matin j'ai reçu un coup de téléphone de Jacques Goddet : « Daniel, vous ne ferez jamais cela dans le Tour de France, il faut respecter la magie du peloton ! » La course cycliste est une tragicomédie – avec ses joies, ses drames, ses monologues du contre-la-montre, ses tirades des échappées solitaires, ses renversements de situation – qui se différencie du théâtre classique par son absence d'unité de lieu.

Les reporters doivent souvent "croire" pour "savoir", tels quels, les faits qui leur sont rapportés.

Aucun autre sport que le cyclisme, aucun autre événement que le Tour de France, n'a suscité autant de dithyrambes, n'a engendré autant d'envolées lyriques. Et, par la grâce d'Antoine Blondin et de quelques autres, la légende des cycles a marqué le siècle post-hugolien.

« *Légende des siècles ?* Non... *Mémoires d'outre-tombe...* » me souffle André Leducq qui a plongé une dernière fois aux Goudes à Marseille, à la recherche d'amphores, sa dernière passion avant de s'envoler vers le ciel éternel en 1980, Leducq qui se marre comme toujours : « Tu devrais même plutôt dire "à tombeau ouvert !" Ah, ah, ah ! »

Oui, ils réapparaissent tous là-haut et je les entends discuter, se disputer dans leur *talk-show* radio-télé animé par Georges Briquet et Robert Chapatte, ce sont eux les vrais "Rois de la pédale".

« – Ah ! Au fait, poursuit Dédé, j'ai entendu dire qu'au XXIe siècle, des coureurs asthmatiques pouvaient gagner le Tour de France, la science a fait des sacrés progrès ! Nous j'te jure qu'il fallait pas être asthmatique dans le Galibier... même s'il nous arrivait de manquer d'air ! »

« Tu sais là-haut sur notre écran géant, on regarde les courses contre-la-montre et le père Jacques (Anquetil) n'en revient pas, Tonin (Magne) non plus et Francis (Pélissier) râleur comme toujours, voulait même qu'on éteigne la télé, les mecs en 2017, ils posent leurs avant-bras sur le guidon alors que nous on tirait dessus ! Y'a que Louison (Bobet) qui les excuse, il a toujours cherché à comprendre, à travailler les détails, à s'intéresser à la pénétration dans l'air, lui qui est devenu pilote après avoir été coureur, il est arrivé au ciel en avion et pour une fois son ami Géminiani n'a pas voulu venir avec lui !

– Quand on tire sur le guidon, explique Louison, ça fait reculer le vélo, alors que l'on pédale pour avancer plus vite, c'est antinomique, on devrait pousser le guidon !

– Il a peut-être raison "Zonzon" ! ose Apo Lazaridès avec son accent chantant. Il profite de son prénom "Jean-Apôtre" qui lui donne certains privilèges au paradis des cyclistes pour ne plus avoir peur d'interrompre son "dieu" sur terre René Vietto, toujours aussi grincheux :

– C'est une honte ! Poser les bras sur le guidon, on dirait qu'ils font la sieste ! Et je peux vous dire que le gamin, "Filet Mignon" (Laurent Fignon) l'intellectuel du peloton qui a toujours un livre à la main, regrette de ne pas avoir eu un compteur sur son guidon comme aujourd'hui : "Dans les étapes où il ne se passe rien, j'aurais programmé de la lecture !" c'est peut-être ce que fait Froome qui regarde sans cesse son compteur...

– Ah vous me faites marrer avec votre Froome, s'emporte Eugène Christophe, vous en avez fait tout un pataquès quand il a parcouru 50 mètres à pied dans la montée du Ventoux... moi j'ai couru 14 bornes dans la descente du Tourmalet, et avec mon vélo cassé sur le dos, parce qu'un coureur sans son vélo, c'est pas un coureur !

– Et quand Froome s'arrête pour faire pipi tout le monde ralentit pour l'attendre, de mon temps c'était le contraire, se souvient, nostalgique, Charly Gaul, "Chéri pipi". Bobet et Géminiani m'ont flingué comme cela dans un Tour d'Italie !

– Ah oui c'était l'bon temps, rigole Zaaf, on cassait la baraque, on lançait des échappées de 200 km et on n'était pas repris à chaque fois à 3 ou 4 km de l'arrivée.

– C'est comme cela que j'ai gagné mon Tour de France, acquiesce Robic, en attaquant à la sortie de Rouen loin du Parc des Princes et en lâchant mon rival Brambilla ! Lequel confirme :

– Ce jour-là, mon cher Robic, vous fîtes ce que vous pûtes et vous m'épatâtes !

– T'as vu "la Brambille", enchaîne "Biquet", aujourd'hui ils ont des freins à disque ! Moi j'ai tous les disques d'Yvette Horner... mais sur mon vélo j'avais pas besoin de freins, je mettais même du plomb ou du mercure dans mes bidons pour aller plus vite dans les descentes.

André Leducq poursuit :

– Y'a qu'une chose qui reste, ce sont les musettes.

– Tu parles, coupe Faber, c'est vraiment des musettes d'asthmatiques, moi j'avais une douzaine de côtelettes et 6 cuisses de poulet, aujourd'hui il paraît qu'ils ont des barres vitaminées.

– Nous, en matière de barres, on ne connaissait que les coups de... barre. Ah, ah, ah ! »

Hugo Koblet ne regrette pas de ne plus courir depuis qu'il a appris qu'on allait peut-être supprimer les miss sur le podium, comme en Formule 1, ces miss qui s'étaient laissé draguer par le *play-boy* suisse pendant toute sa carrière... « Cela ne sert plus à rien de gagner s'il n'y a plus de miss sur le podium ! »

« – Et moi, tu m'oublies, se marre encore André Leducq, avec Charles Pélissier on a aussi un beau palmarès de ce côté-là ! »

Antonin Magne sort de son silence et fait comme s'il

n'avait pas entendu son copain Leducq. Pour sa part, il essaie de comprendre depuis plus de 60 ans pourquoi son pendule lui a toujours indiqué que le mois de juillet serait à jamais défavorable à Poulidor, et il pense à haute voix :

« – S'il avait eu des oreillettes, est-ce que Poulidor aurait pu gagner le Tour de France ?

– Tu rigoles Tonin, réplique Marcel Bidot, moi j'étais debout dans la voiture et je n'avais pas besoin d'oreillettes, et je donnais mes consignes à Bobet ou Anquetil avec un porte-voix ! »

Roger Pingeon qui les a rejoints récemment, après une longue échappée en compagnie de Kübler et Walkowiak, peut leur confirmer que les temps ont bien changé :

« – Les coureurs sont aujourd'hui téléguidés par leur entraîneur qui vient s'ajouter aux directeurs sportifs, au manager et à son adjoint, au mécano, au médecin, au kiné, au psy, à l'attaché de presse. Et pour qu'on ne puisse pas mesurer leur degré de fatigue en les regardant dans les yeux, les coureurs portent tous des lunettes de soleil.

– Stop ! lui crie Jacques Goddet, tout heureux d'avoir retrouvé sa dernière femme, Rosine, au début du printemps. Je suis né avec le Tour de France, j'ai connu tous ses avatars, toutes ses évolutions. Sa grande force c'est que, à travers des époques mouvementées, à travers le temps, il réécrit son histoire, mais en la renouvelant sans cesse, en en reconstituant les données, les péripéties, et savamment, en faisant surgir de nouveaux héros. Le Tour est effectivement la compétition qui se situe au plus haut des valeurs humaines. Pour la richesse de ses combats. Pour toutes ses obligations et ses exigences. Pour la bravoure qu'il engendre. Et pour les morceaux de vie qu'il crée et qu'il sait toujours réinventer.[2] »

---

2. Extrait de sa Préface pour mon *Guide du Tour 1989*.

Tout cela reste vrai même si, depuis 20 ans, depuis Virenque et son maillot à pois, il n'y a plus de véritables figures de légende.

Mais heureusement que l'on peut encore croiser des héros façonnés par le Tour et qui ont plein de choses à raconter, les Géminiani, Darrigade, Poulidor, Hinault, LeMond, Merckx ou Mirando le roi de la truffe dans le Haut-Var avec ses voisins Riolfo et Chaussabel, "le pompier de Cadarache", lanterne rouge du Tour 56, avec une place à part pour Jacques Marinelli, "la Perruche" de 1949, le rival de Fausto Coppi, le plus ancien maillot jaune encore vivant.

Au moment où les historiens essaient de renouveler leur discipline en s'intéressant aux sensations, aux émotions, aux anecdotes, revivre les belles histoires du Tour de France qui ont fait la légende, est tout à fait dans l'air du temps. Alors, en route !

Chapitre 2

Le Vieux Gaulois
forge sa fourche… et sa légende !

“Le Vieux Gaulois”, la fourche cassée, la forge de Sainte-Marie-de-Campan, la guerre de 1914, le premier maillot jaune… de son vivant, Eugène Christophe était déjà entré dans la légende !

Je suis allé le voir plusieurs fois chez lui à Malakoff dans la banlieue parisienne dans les années 1960. Cheveux blancs sous sa casquette, petites lunettes, le Vieux Gaulois en pantalon de golf faisait encore régulièrement du vélo. À 80 ans… et sans moustache !

« On m’a surnommé le Vieux Gaulois à la fin de ma carrière, m’avait-il raconté, non pas pour ma moustache que j’avais coupée depuis longtemps, en 1912, mais pour mon courage et mon âge avancé. J’avais 41 ans et j’étais le plus ancien du peloton quand j’ai cessé de courir en 1926. J’avais débuté en 1903… l’année du premier Tour de France, j’étais d’ailleurs allé au départ à Montgeron. J’ai remporté Milan-San Remo, Paris-Tours, 2 Bordeaux-Paris, 7 championnats de France de cyclo-cross, mais surtout j’étais terriblement déçu d’avoir disputé 11 Tours de France sans en gagner un seul, alors que je méritais d’en remporter au moins deux, sans compter ceux que j’avais ratés à cause de la guerre. »

Cinquante ans après, Eugène Christophe n'avait toujours pas digéré cette injustice et il s'emportait encore contre cette incroyable malchance qui l'avait obligé à se contenter d'une deuxième place en 1912 et d'une troisième en 1919.

« On m'a dit et répété que j'étais le vainqueur moral des Tours 1913 et 1919 . Vainqueur moral? Ça me fait une belle jambe! Ce sont deux Tours que j'étais sûr de gagner sans ces sacrés incidents... »

Quand mon maître Georges Briquet, l'inventeur du radioreportage sportif, évoquait la terrible aventure d'Eugène Christophe dans le Tour de France 1913, il écrivait ceci: « Qui ne l'a vécu, ce drame, ne peut pas savoir ce que représentait à l'époque la performance de l'homme seul dans le Tour, face à de braves commissaires écrasés par un règlement plus lourd qu'un marteau-pilon. C'était la belle époque! Celle où l'isolé était, hélas! vraiment seul... Autour de lui des ruisseaux qui chantent leur joie d'être libres en gambadant de cailloux en cailloux; des vaches qui font tintinnabuler leurs clochettes pour saluer les coureurs; quelques névés qui veulent prouver que l'hiver s'accroche même en été. Et pas un être vivant, si ce n'est des coureurs qui passent, un à un, la tête effondrée sur le guidon et qui ne regardent même pas le pauvre Christophe. »

Car le "Vieux Gaulois" en ce 9 juillet de 1913 connaît la poisse la plus désespérante de sa carrière. Au départ de Bayonne, ce matin, il a son idée derrière la tête. Il se voit bien écœurer ses adversaires dans cette étape monstrueuse de 326 kilomètres avec cinq cols au menu: Osquich, Aubisque, Tourmalet, Aspin et Peyresourde. Trop long? Trop dur? À cette époque-là, Henri Desgrange est seul maître à bord de la caravane, ses règlements sont draconiens et ces temps héroïques portent bien leurs noms, les coureurs des premiers Tours de France sont à ranger dans la catégorie des surhommes que rien n'effraie et qui sont tellement durs au mal que le public ne s'y trompe pas et en fait ses héros.

Pour l'instant tout va bien pour "Cri-Cri" : « Au départ de Bayonne j'étais 2e du classement général à 5 minutes du Belge Odile Defraye... qui s'est fait lâcher dès les premières ascensions. Ça m'a donné des ailes et je me suis retrouvé en tête avec Philippe Thys. Celui-ci m'a pris une centaine de mètres au sommet du Tourmalet mais cela n'avait pas d'importance, il comptait plus d'une demi-heure de retard sur moi au classement général. Je me voyais déjà vainqueur à Paris ! Mais je suis vite sorti de mon rêve en abordant la descente.... Ça allait tout de même assez vite, et puis j'ai senti que ça flottait, comme si mon vélo s'affaissait sous moi. J'ai ralenti... Ah ! quand j'ai vu que ma roue filait, hop ! j'ai sauté de vélo et paf ! ma fourche est tombée, l'un des fourreaux venait de céder et l'autre ne tenait plus qu'à un fil. Je n'ai pas honte de dire que je me suis mis à pleurer ! Mais mon courage déjà légendaire a vite repris le dessus, je ne voulais pas abandonner et je suis parti en courant, le cadre sur l'épaule droite, la roue avant et la fourche à la main gauche vers le village le plus proche avec l'espoir de réparer puisqu'il était interdit de changer de vélo. D'ailleurs, je me demande où j'aurais pu en trouver un dans cette descente désertique ! J'ai couru comme ça pendant deux heures, 14 km jusqu'à Sainte-Marie-de-Campan avec un vélo de 12 kg sur le dos et je voyais tous les coureurs que j'avais lâchés dans la montée qui me doublaient à 60 km à l'heure ! »

Mais le calvaire du Vieux Gaulois ne s'arrête pas là : arrivé à Sainte-Marie, il doit encore réparer lui-même sa fourche, c'est le règlement... absurde dirait-on aujourd'hui, mais en 1913 c'est la loi. *Dura lex sed lex.* Vous voyez Christopher Froome s'arrêter dans une forge et abraser sa fourche, taper du marteau sur l'enclume ? Entre Christophe et Christopher, plus d'un siècle a passé, tout un monde.

« Je suis arrivé là-bas j'étais crevé, j'avais les jambes esquintées, j'avais mal sous les pieds. » Sainte-Marie ? Juste quelques maisons, Christophe se rafraîchit à une cascade, croise une dame – je suis retourné la voir il y a quelques années, elle avait 90 ans –, lui demande s'il y a un forgeron sans trop y croire tellement le hameau est petit. Coup de chance, il y en a un ! Il s'évite ainsi une nouvelle marche de six kilomètres le long de l'Adour, jusqu'au gros bourg de Campan. On lui indique la forge de Joseph Bayle (ou Gaye selon les sources). Le brave forgeron veut l'aider : « Halte-là, malheureux ! Si vous m'aidez je vais être disqualifié ! » Car si les commissaires de course ont laissé le Vieux Gaulois se dépatouiller seul et descendre le Tourmalet à pied, ils sont là et bien là dans la forge. Le règlement stipule qu'on ne doit recevoir aucune aide extérieure et ils y veillent, les cruels défenseurs de la loi, ils sont même trois pour cela ! Et Christophe se lance dans la réparation de sa fourche. Mais même un géant de la route – ou un "forçat" en l'occurrence – ne peut pas faire de miracles, et il est bien obligé d'accepter l'aide d'un petit garçon du village pour entretenir le soufflet... il prendra une minute de pénalité pour "grave manquement" au règlement !

Encore heureux qu'il soit serrurier de métier : « Il fallait rabouter le tube qui était cassé en deux. Alors j'ai mis un bout de ferraille dedans puis j'ai remis le tube dessus et j'ai percé deux trous pour goupiller... » L'explication tient en une phrase, mais son exécution lui fait perdre deux bonnes heures, deux heures de transpiration, deux heures à faire rougir le métal puis à le frapper au marteau, deux heures d'énervement, de colère rentrée, de désespoir. Et deux heures sous haute surveillance: « Il y avait les trois commissaires qui étaient là à regarder si on ne me prêtait pas la main, il y avait Lecomte, Dugand et Maisonnas... trois officiels qui étaient comme des statues de marbre les yeux fixés sur moi. »

À sa place, combien auraient abandonné. « Mais je n'ai pas l'habitude d'abandonner, affirme Christophe. Quand on entreprend un travail, on doit le ter-mi-ner. Ce n'est pas dans mes habitudes. » Alors, naturellement, on se prend à songer à la célèbre apostrophe d'Octave Lapize à Henri Desgrange et ses adjoints en 1910 lors de la découverte des cols pyrénéens: « Vous êtes des assassins! » Eh bien non, Eugène Christophe demeure respectueux des organisateurs et de leurs règlements: « Je ne leur en ai jamais voulu... il y en a qui rouspétaient, mais je disais: vous n'êtes pas obligés de courir! Les cols, il fallait bien les monter... Et dans les descentes, par exemple, il fallait faire attention à ne pas aller mesurer les virages avec ses coudes... moi je n'étais pas un casse-cou comme Speicher par exemple... mais quand on est en forme, on a les réflexes et la *vista*! »

Le Vieux Gaulois, sur ce Tour 1913 se montrera tenace et opiniâtre comme toujours, avant et après ses déboires du Tourmalet. Il finira quand même la course à la 7e place, à plus de quatorze heures du vainqueur le Belge Philippe Thys. Ce rappel n'est pas anodin quand on saura ce qui allait se passer au cours de l'avant-dernière étape de ce Tour de France, entre Longwy et Dunkerque. Le leader Thys chute lourdement et reste un moment inconscient. On l'aide à réparer son vélo... faveur qui avait été refusée à Christophe, et il ne lui est infligé que 10 minutes de pénalité. Eugène Christophe ne protestera jamais contre cette injustice flagrante. Il se dira seulement qu'il n'avait vraiment pas de chance car le classement du Tour de France était établi au temps en 1913 alors qu'il l'était aux points de 1905 à 1912... « pour éviter qu'un coureur victime de crevaison ou d'incident mécanique ne perde trop de temps et toutes ses chances sur une seule étape ! » Avec l'ancien règlement, et même en tenant compte de "l'affaire de la forge", Christophe aurait pu remporter ce Tour 1913 ! Quoi qu'il en soit, Thys gagnera le premier de ses trois Tours, 8 minutes devant Gustave Garrigou, vainqueur en 1911. Un phénomène trop souvent ignoré, ce Garrigou, surnommé "le Prince de l'élégance" et qui a terminé dans les cinq premiers des huit Tours de France qu'il a disputés entre 1907 et 1914 : une victoire, trois deuxièmes places, deux troisièmes, une quatrième et une cinquième ! Six fois sur le podium comme Merckx et Anquetil, il n'y a que Poulidor (8 fois) Zoetemelk et Hinault (7 fois) qui ont fait mieux, vous voyez qu'il est en bonne compagnie mon Garrigou !

À Sainte-Marie-de-Campan, ce jour maudit de 1913, Eugène Christophe est entré d'un seul coup dans la légende des cycles. Une légende que le mauvais sort entretiendra encore à deux reprises, sur la route du Tour.

Comme Faber, Lapize et tous les hommes de leur génération, Eugène Christophe a connu un pénible intermède de 1914 à 1918. Mais contrairement à Lapize et Faber, il en est revenu et à 34 ans il était tout heureux de s'aligner au départ du Tour 1919 pour enfin se venger, comme j'ai eu la chance de l'entendre me le raconter :

« Sans me fatiguer je me suis retrouvé en tête du classement général aux Sables-d'Olonne. J'ai bien passé les Pyrénées et à Grenoble, le 19 juillet, j'ai été le premier à endosser le maillot jaune qu'Henri Desgrange, sur une idée d'Alphonse Baugé, avait décidé de faire porter au premier du classement général pour qu'il soit facilement reconnu.

Jaune comme la couleur du journal organisateur *L'Auto*. Comme j'avais beaucoup d'avance au classement général, Baugé m'en a donné tout un paquet : "Occupe-toi de ça", m'a t-il dit. D'ailleurs, tenez j'en ai conservé un. Oui un seul car pendant la guerre on n'avait pas le moral et un jour, j'ai dit à ma femme : "On n'en fera plus rien de ces maillots, tu devrais les teindre." C'est ce qu'elle a fait et je m'en suis servi comme cela, je les ai usés. » Et ce jour-là à Malakoff, j'ai eu entre les mains le premier maillot jaune de l'histoire du Tour de France, rétréci, un peu mité et délavé, plus gris que jaune.

Et au départ de Dunkerque, comme c'est moi qui les transportais dans ma valise, j'ai donné un maillot jaune à Firmin Lambot pour la dernière étape !

Et de sa voix légèrement zozotante, avec une mémoire phénoménale "Cri-Cri" continue :

« Au départ de l'avant-dernière étape, j'avais une demi-heure d'avance, je la tenais ma revanche et mieux encore, j'allais être le premier maillot jaune à Paris ! Eh bien non ! Encore une fois le sort s'est acharné contre moi. Sur les pavés de Raismes près de Valenciennes, un des fourreaux... de ma fourche s'est cassé et je ne sais pas comment j'ai évité la chute ! Il y avait un atelier bien outillé à 500 mètres, j'avais de l'entraînement, j'ai réparé en 1 h 10 min, je suis arrivé onzième et dernier de l'étape à Dunkerque, complètement écœuré. J'ai quand même pris la troisième place du classement général derrière Lambot et "le gars Jean" Alavoine. »

Quand il arrive sur la piste du Parc des Princes à Paris, une formidable ovation l'attend, dont il se souviendra avec émotion toute sa vie. Il est si populaire qu'Henri Desgrange propose dans les colonnes de *L'Auto*, d'ouvrir une souscription pour consoler le Vieux Gaulois et compenser les gains qu'une victoire lui aurait octroyés. C'est un succès complet : les lecteurs offrent 13 500 francs à Christophe, alors que la victoire n'a rapporté "que" 6 775 francs à Lambot !

Mais Eugène n'en a pas fini avec cette "sorcière aux dents vertes", ce symbole de la malchance à qui le fameux dessinateur des *Pieds Nickelés*, Pellos, un amoureux du vélo, avait donné un visage dans les années 1950. Deux ans plus tard, sur les routes du Tour 1922, il s'empare encore du maillot jaune, aux Sables-d'Olonne. Dans les Alpes, il passe le Galibier en tête et entrevoit un nouvel exploit, à plus de 37 ans ! Mais son chemin de croix n'est pas terminé : il chute dans la descente, en voulant éviter une grosse pierre et il casse.... sa fourche pour la troisième fois, c'est une vraie malédiction ! Le curé de Valloire, en bon samaritain, lui prête sa bicyclette qui n'a rien d'un vélo de course, en 1922 on avait le droit de changer de machine ! Il grimpe comme il peut le col du Télégraphe mais il perd beaucoup de temps et verra ses derniers espoirs de briller s'envoler. Il courra encore le Tour de France à 40 ans, en 1925, finira dix-huitième, et mettra un terme à sa carrière l'année suivante. Christophe, Vietto, Poulidor, trois noms qui devraient figurer au palmarès du Tour de France et qui le mériteraient plus que... et que... et même que... mettez les noms que vous voudrez à la place de ces pointillés !

Pour revenir à Eugène Christophe, je crois que l'on n'a jamais vu de coureur plus courageux que lui sur un vélo, et Dieu sait pourtant si ce début du XXe siècle regorgeait d'hommes que la vie sans confort avait rendus durs au mal. Le Vieux Gaulois, qui aimait s'aguerrir l'hiver en disputant des cyclo-cross a forcé l'admiration de tous en

1910 dans un Milan-San Remo hallucinant... et victorieux! Par une température glaciale, sur la route boueuse puis enneigée et sous les bourrasques, il a repoussé les limites de la résistance humaine. Il a connu pire encore que Bernard Hinault dans son "Neige-Bastogne-Neige" légendaire de 1980. Alors que les coureurs renoncent les uns après les autres, il continue à rouler obstinément en bravant les éléments hostiles. À bout de forces, quand même, il s'arrête dans une auberge, frigorifié et affamé, demande un grog, des vêtements secs, repart sous la neige qui tombe de plus en plus dru. Il dépasse les deux Italiens de tête, Ganna puis Albini aussi gelés que lui. Au contrôle suivant, il grelotte de froid, claque des dents, change de vélo et repart. À Savonne, à 100 km de l'arrivée, il demande à son directeur sportif de Peugeot, Alphonse Baugé, de lui acheter un pantalon et de le couper à hauteur des genoux, le sien est complètement usé, il n'a plus de fond! Puis il saute sur le vélo de Trousselier qui a abandonné, et repart en finissant seul à San Remo. Quatre coureurs seulement sur 71 franchiront la ligne d'arrivée, après 290 kilomètres d'enfer. Il se souvient de cette journée: « J'ai atteint San Remo avec beaucoup de retard sur l'horaire, à 18 heures. C'était la fin de mon calvaire... mais mon équipe Alcyon a doublé mon salaire! » Membres gelés, Eugène Christophe passera deux mois dans une clinique pour soigner les ravages de son épouvantable et glorieuse chevauchée. Et il mettra deux ans à recouvrer tous ses moyens. Folie, peut-être. Mais, comme il le disait: « Tout travail commencé doit être fini... »

Ce diable de coureur reste un exemple de courage et de volonté, deux qualités sans lesquelles, même aujourd'hui, il n'est pas de champion cycliste. Il a justifié amplement l'hommage de cette plaque inaugurée en sa présence à

Sainte-Marie-de-Campan, en 1951 :

Ici en 1913 Eugène Christophe,
coureur cycliste français
1er au classement général du Tour de France,
victime d'un accident de machine dans le
Tourmalet répara à la forge sa fourche
de bicyclette.
Quoiqu'ayant parcouru de nombreux kilomètres
à pied dans la montagne, et perdu plusieurs
heures, Eugène Christophe n'abandonna point
l'épreuve qu'il aurait dû gagner, fournissant
ainsi un exemple de volonté sublime.

Don de la Fédération française de cyclisme sous le patronage du journal *L'Équipe*.

1914-1918

Chapitre 3

"Qu'il était beau mon légionnaire !" François Faber mon idole, héros de la Grande Guerre

François Faber fait une chute impressionnante dans l'étape Nice-Grenoble du Tour de France 1913. Il est KO, en sang sur le bord de la route. Les spectateurs l'aident à se relever, il titube mais il ne veut pas abandonner. On le soigne de force et on lui met un énorme pansement, qui devient vite tout rouge, autour de la tête. Il faut qu'il s'arrête, il saigne trop. Non ! Il redresse son guidon et il repart... comme Bernard Hinault l'a fait à Saint-Étienne en 1985, visage en sang, nez cassé, c'est cela qui forge la légende ! Faber se lance à la poursuite de ses adversaires. Il est déchaîné, il les rattrape et gagne l'étape devant ces autres champions qu'étaient les Garrigou, Thys, Petit-Breton, Lambot, quatre anciens vainqueurs du Tour !

François Faber habitait Colombes dans la banlieue parisienne, mais il était Luxembourgeois. En 1914 il s'était engagé dans la Légion étrangère alors que rien ne l'obligeait à participer à la Grande Guerre. Il a été tué dans le Pas-de-Calais, le 9 mai 1915, alors qu'il sortait d'une tranchée pour aller porter secours à un camarade blessé, devant les lignes allemandes. Faber, superbe athlète de 1,86 m et

90 kg, le chargea sur ses épaules et au moment de revenir à son camp, il fut lâchement abattu... Madame Faber m'avait raconté cela soixante ans après. C'est André Leducq qui m'avait emmené chez elle, et en un après-midi, tous les deux m'avaient convaincu que Faber était peut-être le plus grand de tous ! Le Merckx d'avant-guerre !

Ils m'avaient parlé également – et je fais une petite parenthèse – du demi-frère de François, le coureur Ernest Paul, un colosse lui aussi, insensible à la fatigue et à la douleur. Pendant le Tour 1911 à Marseille, il avait été victime d'une grave intoxication alimentaire. Il gisait sur son lit, les traits révulsés, la respiration haletante, la bouche ouverte et la langue gonflée et noire. Un médecin appelé par son directeur sportif Alphonse Baugé et par Henri Manchon le soigneur du Tour, lui fit une piqûre, conseilla de lui mettre dans la bouche, régulièrement, des petits morceaux de glace, mais ne cacha pas que son cas lui semblait désespéré. Assis sur le lit voisin François Faber était en pleurs. Il veilla son frère toute la nuit. Au petit matin, miracle, la langue était désenflée, Ernest demanda à boire. On lui donna un peu de café. Deux heures plus tard, il s'assit sur son lit et déclara qu'il voulait s'habiller pour aller prendre le départ... ce qu'il fit !

« Par correction, éclatait de rire Dédé Leducq, Manchon alla trouver le médecin qui était venu la veille :

– Merci docteur de vous être dérangé. C'est fini, il est parti !

– Hélas je m'en doutais, répondit-il, cet empoisonnement était trop grave ! »

Eugénie Faber pleurait de rire également en me racontant cette histoire. Tout comme elle était plein d'humour en évoquant "son" François à qui elle était restée fidèle depuis soixante ans.

« Il m'en a fait voir pourtant, j'ai porté des cornes, il m'a trompée plus d'une fois... mais il revenait toujours vers moi, j'étais bien sa préférée ! C'est vrai qu'il était beau et tellement gentil ! Ah oui ! Il avait du succès ! C'était le plus grand coureur, dans tous les sens du terme, et le plus populaire. On était du même quartier, on allait à l'école ensemble, mais on ne se fréquentait pas. J'étais "Mademoiselle" alors que lui, il était débardeur, il conduisait un tombereau. Mais quand il est devenu coureur, qu'il a gagné des courses, qu'on parlait de lui... et qu'il me courait derrière, j'ai commencé à faire attention à lui. Quel athlète c'était ! Et il avait de l'appétit... dans tous les domaines.... (nouvel éclat de rire !) Dans une étape il mangeait facilement un poulet, une dizaine de côtelettes, et une omelette de 12 œufs, il est vrai que c'étaient des étapes de 350 km, 12 ou 13 heures de vélo. Ses 85 ou 90 kg lui jouaient des tours, il crevait plus que les autres, au moins 5 ou 6 fois par jour. Il devait réparer lui-même, alors il partait avec plusieurs boyaux autour du cou. Sans cela, il aurait gagné plus d'un Tour de France. Je n'allais jamais le voir aux étapes, il ne voulait pas car les coureurs se promenaient à poil dans les couloirs des hôtels. Pendant toute la saison des courses on ne couchait pas ensemble. Il avait sa chambre et moi la mienne. C'était le médecin qui voulait ça pour que François dorme bien. On faisait quand même ce qu'on avait à faire avant et il allait se coucher de son côté pour dormir tranquille ! »

***

3 août 1914. Le douzième Tour de France s'est achevé une semaine plus tôt sur la deuxième victoire du Belge Philippe Thys. Les regards sont tournés maintenant vers Copenhague où vont se dérouler les championnats du monde sur piste, avec pour vedette le Suisse Oscar Egg qui a battu trois fois le record de l'heure. Une seule course a eu lieu,

le demi-fond derrière moto, quand soudain, le haut-parleur du vélodrome d'Ordrup demande le silence. La foule se tait, anxieuse, mais déjà consciente de la mauvaise nouvelle qui va tomber :

« L'Allemagne vient de déclarer la guerre à la Serbie et à la France. Nous conseillons aux coureurs de rentrer chez eux le plus vite possible. »

C'est le début de la Première Guerre mondiale, celle que les optimistes vont vouloir appeler *la Der des Der* mais qui va faire des massacres encore jamais connus sur la planète. 18 millions de morts. Et parmi eux des Géants de la route qui ont participé, comme les autres, à la défense de leur patrie, et qui ne se sont pas réfugiés derrière leur statut de champion pour y échapper. Il faut savoir que l'incroyable popularité des stars du vélo, qu'on a du mal à imaginer aujourd'hui, aurait pu permettre à certains de se "planquer" impunément en refusant d'endosser le rôle de chair à canon qui était inévitablement le leur. Ils ne l'ont pas fait.

Les plus chanceux ont subi une simple parenthèse de quatre saisons, et si leur palmarès en souffre inévitablement, ils sont sains et saufs. D'autres n'ont pas eu cette faveur. À commencer par les anciens vainqueurs du Tour, et pas des moindres : Petit-Breton, Faber et Lapize qui se succèdent au palmarès en 1908, 1909 et 1910 et ont fait vibrer la France cinquante ans avant Anquetil et Poulidor, par leurs duels homériques qui ont permis au Tour de France de s'imposer à la une des journaux.

Lucien Mazan, dit Petit-Breton, reste célèbre pour sa moustache et sa raie de côté, mais surtout pour ses deux victoires dans la Grande Boucle en 1907 et 1908. Il avait la vocation : *groom* d'hôtel à Buenos Aires où ses parents se sont installés, il gagne une bicyclette à la loterie et commence à participer à des courses. Il a 16 ans et pour déjouer la vigilance paternelle – son père ne veut pas entendre parler de ce sport – il court sous le pseudonyme de "Breton" qui lui rappelle sa région natale. Un an plus tard, en 1899, il devient coup sur coup champion d'Argentine sur piste et sur route. Galvanisé par ces résultats, il se lance dans la carrière cycliste dès qu'il arrive à Paris en 1902. Or, un autre pistard français, plus âgé que lui, se nomme également Breton. Lucien décide alors de se faire appeler "Petit-Breton", bien que le public des vélodromes le surnomme le plus souvent "l'Argentin". Deux ans plus tard, il gagne le redoutable Bol d'Or, une course de 24 heures sur le vélodrome Buffalo, qu'a dirigé cinq ans avant le célèbre écrivain Tristan Bernard. Comme ce grand homme d'esprit, Lucien aime observer son entourage et le décrire avec sa plume. Il publiera bientôt des chroniques dans l'hebdomadaire *La Vie au grand air*, notamment pendant les Tours de France qu'il va disputer. Il écrira également un livre de conseils aux cyclistes *Comment je cours sur route.*

Il fait ses débuts dans le troisième Tour de France en 1905. Pour éviter les tricheries, les parcours nocturnes sont supprimés, les étapes sont plus courtes, il y en a 11 contre 6 dans les deux premiers Tours, les classements se font aux points et les coureurs découvrent la montagne avec le Ballon d'Alsace et le col Bayard. Petit-Breton termine 5ᵉ. Il avait pourtant été contraint à l'abandon dès la première étape Paris-Nancy quand le peloton s'était retrouvé sur un véritable tapis de clous, avec des crevaisons par dizaines, des coureurs désespérés au bord de la route... qui seront autorisés à repartir de Nancy.

À noter que le 8ᵉ de ce Tour de France s'appelle... Philippe Pautrat et qu'il est en fait le premier des coureurs à vélos poinçonnés, ceux qui n'avaient le droit de changer de machine sous aucun prétexte pendant tout le Tour. Très régulier ce Pautrat : 6e à Grenoble, 7e à Toulon, 8e à Nîmes, 2e à Bordeaux, 6e à Rennes, 5e à Caen. Vous voyez que les coureurs faisaient vraiment le tour de la France

Petit-Breton gagne une place en 1906 (4e) avant de s'imposer à deux reprises en 1907 et 1908. Cette dernière édition a passionné les foules à cause du duel que se sont livrés les deux coéquipiers de l'équipe Peugeot, Faber et Petit-Breton qui remportent à eux deux neuf étapes sur les quinze. Les qualités de sprinter de Lucien feront finalement la différence, et lui permettront de devenir le premier coureur de l'histoire à remporter deux Tours de France. Philippe Thys a été le premier à en remporter trois, Jacques Anquetil le premier à en gagner cinq, et Lance Armstrong... a failli être le premier... à faire mieux encore ! En dehors de la Grande Boucle, Petit-Breton s'est aussi forgé un joli palmarès avec la toute première édition de Milan-San Remo (et un doublé français avec Gustave Garrigou), Paris-Tours, Paris-Bruxelles et le Tour de Belgique.

Quand la guerre éclate, Lucien est affecté au 20e escadron du train, et conduit des voitures à l'état-major. Il s'investit dans l'organisation des fameux "Taxis de la Marne" qui vont contribuer à enrayer la marche allemande vers Paris. En mars 1917, il écrit dans *La Vie au grand air* : « Hélas ! À la reprise des vélodromes, combien d'entre nous auront disparu, qui étaient la gloire de notre sport ? » Réflexion prémonitoire, et qu'il allait lui-même tragiquement illustrer huit mois plus tard. Il va mourir en effet d'un accident de circulation en se rendant au front. Il s'éteint le 20 décembre à l'hôpital de Troyes. Son frère Anselme, qui a également couru le Tour en 1907, fut tué avant lui, le 6 juin 1915, on ne retrouva de lui que son ceinturon.

En cet été 2018, Bernard Hinault inaugure une statue

singulière dans la ville de Carhaix, baptisée "Les quatre as bretons du vélo" : le quintuple vainqueur du Tour y figure lui-même auprès de Jean Robic, Louison Bobet... et d'un certain Lucien Petit-Breton. Quatre héros populaires, quatre hommes, aussi, au caractère bien trempé.

François Faber était aussi ce qu'on peut appeler un caractère ! Comme Lucien, il ira combattre en 1914. Faber est né le 26 janvier 1887 à Aulnay-sur-Iton, dans l'Eure. Sa mère était Lorraine et son père Luxembourgeois. À sa majorité il s'est retrouvé avec la nationalité de son père. Mais à peine la guerre déclarée à la France, les troupes allemandes envahissent le Luxembourg au mépris des accords de neutralité. Faber s'engage alors dans la Légion étrangère, le 22 août. On lui prête cette phrase admirable : « La France a fait ma fortune, il est normal que je la défende. » Il est affecté au 1er Régiment étranger à Bayonne, puis au camp de Mailly dans l'Aube, près du front, qu'il va gagner début octobre.

Il n'est pas n'importe qui, ce légionnaire Faber. Il a fini deuxième du Tour de France 1908 derrière Petit-Breton, et surtout écrasé celui de 1909 de toute sa force en remportant six des quatorze étapes au programme ! Et réalisé l'exploit unique dans l'histoire du Tour de gagner cinq étapes consécutives entre Roubaix et Nice. Son équipe Alcyon rafle quasiment tout cette année-là, puisqu'elle occupe les quatre premières places du classement final, avec Faber, Garrigou, Jean Alavoine et Duboc, et qu'elle s'octroie 12 étapes sur 14 ! Du jamais vu ! 1909 est un Tour de légende. Pour la première fois 5 000 flèches jalonnent les 4 497 km du parcours, l'organisation progresse ! Mais c'est surtout l'un des plus difficiles de toute l'histoire avec des chaleurs intenables, des vents fous, des pluies glaciales, et même de la grêle. Il fallait un costaud pour le gagner, l'un des plus grands champions du siècle, ce fut Faber le bien nommé puisqu'on l'appelait "le géant de Colombes". Premier étranger à gagner le Tour, François, sa femme vous l'a dit, était un sacré personnage, d'une force herculéenne et d'une générosité sans égale. Le public l'avait surnommé "Gargantua" pour son appétit féroce de victoires et de "bouffe", mais aussi sa gentillesse : s'il emportait une douzaine de côtelettes dans sa musette sur le dos ou dans la sacoche en cuir attachée au guidon, il n'hésitait pas à en donner à ses concurrents s'il les voyait pris de fringale. Le succès ne lui tournait pas la tête – même s'il faisait tourner celle de ses "groupies" – et l'on raconte qu'au lendemain de sa victoire dans le Tour, il alla tranquillement reprendre son emploi de débardeur sur les quais de la Seine au port de Courbevoie...

Mais il ne gagnera plus le Tour, battu de justesse par son rival Octave Lapize l'année suivante pour quatre points, et surtout par une insigne malchance. C'est la première apparition des Pyrénées dans le Tour.... et du camion-balai ! Les coureurs qui sont allés reconnaître les cols de Peyresourde, Aspin, Tourmalet et Aubisque, en sont revenus effrayés autant par les cailloux, les ravines et la neige que par les ours qui dévalent, paraît-il, de la voisine Espagne. Ils appellent ce parcours "le cercle de la mort". Sur les 136 engagés, 26 déclarent forfait, "se dégonflent" au dernier moment. Faber est bien parti pour réussir le doublé. Il gagne à Metz, Lyon, Nîmes et même si Lapize plus léger et meilleur grimpeur remporte les 2 étapes des Pyrénées, Perpignan-Luchon et Luchon-Bayonne, Faber conserve sa place de leader. Mais entre Bordeaux et Nantes, un chien le fait tomber dans la traversée de Marans, en plein marais poitevin, il casse son guidon et sa pédale, se blesse et perd du temps. Le lendemain vers Brest, Faber encore affaibli, cède la première place à Lapize. Mais il reste encore 2 étapes et d'abord ce "décamarathon" de 424 km qui traverse toute la Bretagne et une bonne partie de la Normandie de Brest à Caen. Faber joue son va-tout en pleine nuit, il s'en va tout seul, il est sur le point de reprendre le commandement du Tour quand deux crevaisons le stoppent coup sur coup après 200 km d'échappée. Il est encore en train de réparer quand Lapize le repasse... Au départ de la dernière étape François compte 6 points de retard sur Octave, il attaque encore, Lapize ne peut pas le suivre, mais il est encore victime d'une crevaison, de l'état des routes et de ses 90 kg (peut-être un peu moins à la fin du Tour?), il ne reprend que deux points à son heureux rival, il ne gagnera pas son deuxième Tour de France.

Il connaîtra encore des places d'honneur sur la Grande Boucle, et gagnera de nouvelles étapes, 19 en tout, pour enrichir l'un des plus beaux palmarès de son époque, avec entre autres, Paris-Roubaix, le Tour de Lombardie, Bordeaux-Paris, Paris-Bruxelles et deux Paris-Tours.

Le légionnaire François Faber monte donc au front, fin octobre, à Soissons. Le 1er janvier 1915, il est nommé caporal et apprend, quelques jours plus tard, que sa femme Eugénie est enceinte. À Mont-Saint-Éloi, il croise un militaire qu'il reconnaît, c'est Charles Cruchon, qui a fini cinquième du fameux Tour de France 1910. Cruchon le trouve "heureux et confiant", et puis bientôt, c'est l'annonce de la naissance de sa fille Raymonde. Il écrit à sa femme : « Je suis heureux que nous soyons papa et maman car cela aurait été un cauchemar s'il m'était arrivé malheur [...] Faut bien l'envisager... Tout t'appartient au cas où... Jusqu'à ta mort, tu pourras disposer du peu que nous avons. »

Et le 9 mai, François Faber participe à l'assaut donné aux "Ouvrages Blancs" qu'on veut reprendre à l'ennemi, près d'Arras. C'est la sanglante bataille de l'Artois qui fera près de 180 000 morts. Il va mourir au champ d'honneur et se verra décerner la médaille militaire à titre posthume. Il semble bien qu'il soit sorti de sa tranchée, seul et sans arme, pour tenter de ramener un camarade blessé qui gémissait entre les lignes. C'était bien dans la nature de ce colosse altruiste au cœur énorme. Mais il fut rapidement fauché par les mitrailleuses allemandes. Un cycliste nommé L'Archevêque tenta de retrouver son corps afin de lui donner une sépulture décente. En vain. La terre d'Artois n'a pas rendu tous les corps, ni celle de Verdun.

Dans son paquetage, au fond de la tranchée, on a retrouvé sa pipe, qui a été renvoyée à sa veuve. Eugénie Faber l'avait offerte à André Leducq qui me l'a donnée... Depuis quarante ans, elle trône sur mon bureau... et me renvoie l'image de mon idole.

Octave Lapize, comme Petit-Breton, a dû braver l'interdit paternel pour devenir coureur cycliste. Son père voit sa passion d'un mauvais œil, avec un argument supplémentaire : son fils a été réformé pour cause de surdité ! Le jeune Octave s'en moque et il s'inscrit discrètement dans des courses amateur. Mais ses victoires vont vite le faire sortir de son anonymat... Il conquiert deux titres de Champion de France (cyclo-cross et 100 km), gagne le Bol d'Or, et part pour Londres, en 1908, aux jeux Olympiques où il va décrocher la médaille de bronze dans les 100 km sur piste. Dans la foulée des Jeux, en octobre, il bat le record du monde de l'heure amateurs derrière moto. Et les exploits s'enchaînent, cette fois à l'échelon professionnel.

Désormais, la fusée Lapize est sur orbite, et seul le terrible conflit mettra fin à son irrésistible parcours. Un parcours, du reste, qui laisse un arrière-goût d'inachevé. Non pas seulement à cause de la guerre, mais aussi par l'indécision qui le fera se disperser entre la route et la piste, deux disciplines où il excelle. À l'époque, le cyclisme sur piste attire les grandes foules, les cachets sont importants et Octave n'est pas insensible à l'argent. Il courra de nombreux Six Jours et battra plusieurs records du monde, en laissant beaucoup d'énergie et en ne préparant pas convenablement ses saisons sur route. Mais c'est quand même grâce au Tour de France que Lapize assoit sa réputation. Il le remporte en 1910, après un duel épique avec François Faber, en s'adjugeant quatre étapes et surtout celle des 4 grands cols des Pyrénées, départ à 3 h 30 du matin, 326 km en 14 h 10 min sur des épouvantables chemins de terre où il est souvent obligé de descendre de vélo et de courir à pied... en criant aux organisateurs : « Vous êtes des assassins ! »

Octave Lapize, "Tatave" ou "Le Frisé" à cause de sa chevelure noire et frisée, s'impose par sa culture, son intelligence et son fort caractère qui en font "l'intellectuel du peloton". Il met d'ailleurs son mental au service de ses qualités de coursier. Rapide au sprint, astucieux et adroit en course, habile dans l'art de s'abriter puis de jaillir, dur au mal, il va se forger un palmarès extraordinaire avec une incroyable série de triplés : au championnat de France (1911, 1912, 1913), sur Paris-Roubaix (1909, 1910, 1911) et Paris-Bruxelles (1911, 1912, 1913). À quoi il faut ajouter un Paris-Tours et de nombreux accessits dans les grandes courses.

La guerre éclate le 2 août. Le 14, bien qu'il ait été dispensé du service militaire pour sa surdité partielle, Octave Lapize se fait engager volontaire au 19e Escadron du train. Mais il est passionné d'aviation et il aimerait pouvoir voler. Il arrive à se faire muter à la base d'Avord près de Bourges où il se révèle aussi doué au manche d'un avion qu'au guidon du vélo, puisqu'il devient pilote et même moniteur. Il formera 130 aviateurs avant de demander d'être affecté au front. Le 28 juin 1917, il "descend" un avion ennemi. Mais le 14 juillet, c'est à son tour d'être atteint par un biplan allemand, au-dessus de Flirey en Meurthe-et-Moselle. Sa citation signée du général Pétain précise qu'il aurait affronté deux appareils à la fois. Il s'écrase à l'intérieur des lignes françaises et meurt trois jours plus tard à l'hôpital de Toul. Pour donner une idée de sa popularité, même les journaux anglais et américains ont salué sa disparition. Sur les routes du Tour de France comme pour défendre son pays, Octave Lapize ne connaissait que l'offensive. "Mort pour la France" à 29 ans.

Une statue cycliste, en haut du col du Tourmalet, porte le prénom d'Octave, en souvenir de celui qui a franchi le premier ce col devenu légendaire. Et du côté de Monthléry, sur le circuit où se disputèrent longtemps le championnat de France et le Critérium National de la Route, la bosse la plus sévère s'appelle "la Côte Lapize".

***

En dehors de ces trois vainqueurs du Tour de France, de nombreux autres champions ont péri au combat, comme l'aviateur Roland Garros (qui fut aussi champion scolaire et universitaire de cyclisme), ou l'athlète légendaire Jean Bouin, détenteur de sept records du monde et vice-champion olympique. Mais le cyclisme reste le sport le plus touché avec une soixantaine de coureurs professionnels portés disparus.

Parmi eux, on peut citer les Belges Marcel Kerff, 6e du Tour 1903 ou Victor Fastre vainqueur de Liège-Bastogne-Liège en 1909. Ou les Français Émile Friol et Georges

Parent multiples champions du monde l'un de vitesse l'autre de demi-fond; Anselme Mazan, frère de Petit-Breton; le champion olympique de vitesse Léon Flameng; Henri Alavoine, frère du "Gars Jean" et inventeur de nombreuses expressions du jargon des pelotons; ou encore ces cyclistes devenus pilotes d'avions et morts en héros comme Georges Boillot, Albert Delrieu, Paul Gombault ou Émile Quaissart; des Alliés aussi, comme le Britannique Yom Gascyne ; des Italiens comme le vainqueur du Tour d'Italie 1913 Carlo Oriani ou celui du Tour de Lombardie 1906 Cesare Brambilla; et puis – la guerre ne fait pas de différence entre vainqueurs et vaincus – des Allemands parmi lesquels on retiendra le cadet de la fratrie Opel, Ludwig. La firme Opel, célèbre aujourd'hui pour ses automobiles, produisait alors également des bicyclettes et les cinq frères étaient coureurs cyclistes.

Le Tour de France renaîtra, une fois l'armistice et la paix signés. Mais la paix, selon la formule pessimiste de Giraudoux, n'est bien souvent qu'un "intervalle entre-deux-guerres". Et en ce 29 juin 1919, quand le peloton défile sur les Champs-Élysées vers le pont d'Argenteuil où sera donné le départ officiel, nul ne se doute que le Tour signe seulement un bail de vingt ans...

Chapitre 4

Du rififi au Café de la gare !

En 1924, les frères Henri et Francis Pélissier comptent parmi les grands seigneurs du peloton international. Henri l'aîné, dernier vainqueur du Tour de France, a aussi remporté deux Paris-Roubaix, trois Tours de Lombardie, un Milan-San Remo, un Paris-Tours, un Bordeaux-Paris, un Paris-Bruxelles et un titre de champion de France, sans compter dix étapes du Tour ! Son frère Francis de cinq ans plus jeune, a quand même eu le temps d'épingler à son palmarès un Paris-Tours, deux Bordeaux-Paris, un Turin-Florence-Rome, deux titres de champion de France et une étape du Tour. Ils sont admirés et respectés, malgré leur caractère tout d'une pièce. Cabochards disent certains. Peu importe, ils font le spectacle et le public aime ça. Et puis on est prêt à tout passer à Henri, il vient de mettre un terme à des années d'humiliation par les Belges, qui gagnent le Tour de France sans discontinuer depuis 1912 ! "Monsieur" Henri Pélissier est un héros national.

Alors, cette année, on espère bien que "La Ficelle" – c'est le surnom d'Henri – va nous ramener encore une fois le maillot à Paris ! Avec ses sprints en force dans les cols qui écœurent un à un ses adversaires, ce phénomène ne peut que nous gagner un deuxième Tour de rang. C'est sans compter sur ses coups de sang. Il est capable de s'entêter comme une bourrique. On le sait. Ce qu'on sait moins, c'est que l'aîné de la fratrie (il y a un troisième frère, Charles, qui entrera en scène plus tard) arrive au départ du Tour 1924 sans grand enthousiasme. L'an dernier, il avait gagné et il affichait le grand amour sportif avec Henri Desgrange. Mais cette année, il n'a pas obtenu la moindre victoire significative, il sent le poids de ses 35 ans. Il sait aussi que le petit frère n'a pas l'étoffe d'un vainqueur du Tour, qu'il a déjà abandonné deux fois. Alors, dès la troisième étape, c'est le coup de Trafalgar !

Le départ est donné à Cherbourg. Sur la ligne, un commissaire de course, un nommé Trialoux, s'approche d'Henri et soulève son maillot pour voir s'il en avait un ou deux sur lui : souvent par temps froid, les coureurs partaient avec deux maillots pour en ôter un en cours de route, au bout d'un moment, quand ils se réchauffaient. Mais le règlement est formel : interdiction de se débarrasser des maillots, imperméables, sacoches, pompes, boyaux sur le bord de la route. Car à l'époque, ces équipements sont encore fournis par l'organisation. Henri se fâche tout rouge. On sent que les choses ne vont pas en rester là. En fait elles vont tout simplement exploser. Ce sera l'abandon le plus spectaculaire et rocambolesque de toute l'histoire du Tour de France.

L'altercation avec le commissaire aura des conséquences définitives. On murmure aussi que l'Italien Ottavio Bottecchia qui a pris le maillot jaune, avec une déconcertante facilité, y est aussi pour beaucoup... Henri aurait craint d'être humilié par celui qui avait fini deuxième derrière lui en 1923. Quoi qu'il en soit, les Pélissier s'informent.

Entre Cherbourg et Brest, quelle est la gare la plus proche ? Car ils ont décidé d'abandonner et de prendre le premier train pour Paris ! Ils ont coché la gare de Coutances, dans le département de la Manche, à 80 km au sud du point de départ. Le *Journal de Coutances* du samedi 28 juin 1924 rapporte « qu'on voit passer à Coutances une centaine de coureurs... mais sans les Pélissier ni Maurice Ville (connu pour avoir gagné le Tour de Catalogne et terminé deuxième de Paris-Roubaix-NDE). Une demi-heure après le peloton, on voit arriver les frères Pélissier et Ville, qui abandonnaient. »

L'événement est déjà en soi un vrai coup de tonnerre sur la route du Tour. En vingt-quatre heures, il va devenir une affaire nationale. Car le journaliste le plus célèbre de son temps va en faire un morceau d'anthologie. L'un des concurrents du journal *L'Auto*, organisateur du Tour de France, s'appelle *Le Petit Parisien*, et il a réussi à s'attacher les services d'Albert Londres pour suivre le Tour. Londres est une légende vivante. Il revient de Cayenne et sa dénonciation des excès infernaux pratiqués au bagne a bouleversé la France, au point qu'un nouveau gouverneur est nommé, le cachot supprimé, les peines de cellules réduites, la nourriture améliorée, des salaires délivrés, et les détenus séparés en fonction de la gravité de leur peine. Il est l'un de nos tout premiers journalistes d'investigation. Alors, sur les routes du Tour qu'il découvre avec intérêt, il ne va pas tarder à dépasser le seul compte rendu de la course.

Albert et son confrère du *Miroir des sports,* André Reuze, ont pris de l'avance sur la course pour s'offrir un "gueuleton" dans un restaurant réputé de Granville, une quarantaine de kilomètres au sud de Coutances. C'est là que la rumeur les rattrape : « Les Pélissier ont abandonné ! » Ils n'hésitent pas longtemps entre les douceurs de la gastronomie et l'excitation du reportage, ils montent à bord de leur puissante Renault et prennent la route en sens inverse de la course, au mépris de toute règle et de toute prudence. Albert aura ce mot : « Les Pélissier valent bien un train de pneus ! »

À Coutances, ils ne cherchent pas longtemps, on leur indique le Café de la gare. En effet, Henri et Francis Pélissier sont attablés avec Ville, devant des tasses de chocolat fumant, boyaux encore croisés autour du buste et casquette vissée sur la tête. Autour d'eux, les badauds se sont agglutinés. Quand il avise Albert Londres, qui se fraye un passage et s'assoit à leur table, Henri comprend tout de suite le parti qu'il peut en tirer : le reporter a couru le monde, mais il ne connaît visiblement rien à celui du vélo. Il va pouvoir "l'enfumer" tout à son aise ! Et il y va de toute sa morgue, et sans mâcher ses mots.

– Un coup de tête ? demande Albert Londres.

– Non, dit Henri, seulement on n'est pas des chiens.

– Que s'est-il passé ?

– Ce matin à Cherbourg un commissaire s'approche de moi et sans rien me dire, relève mon maillot. Il s'assurait que je n'avais pas deux maillots. Que diriez-vous si je soulevais votre veste pour voir si vous avez bien une chemise blanche ? Je n'aime pas ces manières, c'est tout.

Le reporter demande des précisions :

C'est le règlement. Il ne faut pas seulement courir comme des brutes, mais geler ou étouffer [...] Alors je suis allé trouver le directeur du Tour, Desgrange :

– Je n'ai pas le droit de jeter mon maillot sur la route alors ?

– Non, vous ne pouvez pas jeter le matériel de la maison.

– Il n'est pas à la maison, il est à moi".

– Je ne discute pas dans la rue.

– Alors je vais me recoucher.

– On arrangera ça à Brest.

– À Brest, ce sera tout arrangé parce que je passerai la main avant. Et j'ai passé la main!

– Et votre frère?

– Mon frère est mon frère, n'est-ce pas Francis?

Et ils s'embrassent par-dessus leur chocolat.

Francis roulait déjà, j'ai rejoint le peloton et dit: « Viens Francis, on plaque! »

— Et ça tombait comme du beurre frais sur une tartine, dit Francis, car justement ce matin j'avais mal au ventre et je ne me sentais pas nerveux.

– Et vous, Ville? questionne le journaliste.

– Moi, répond Ville qui rit comme un bon bébé, ils m'ont trouvé en détresse sur la route. J'ai "les rotules en os de mort".

Henri Pélissier se lance alors dans une "confession" qui deviendra célèbre:

— Vous n'avez pas idée de ce qu'est le Tour de France. C'est un calvaire. Et encore, le chemin de croix n'avait que quatorze stations, le nôtre en a quinze. Nous souffrons du départ à l'arrivée. Voulez-vous voir comment nous marchons ? Tenez...

De son sac, il sort une fiole:

— Ça c'est de la cocaïne pour les yeux, ça c'est du chloroforme pour les gencives.

— Ça, dit Ville vidant aussi sa musette, c'est de la pommade pour me réchauffer les genoux.

— Et des pilules? Voulez-vous voir des pilules? Tenez, voilà des pilules.

Ils en sortent trois boîtes chacun.

— Bref! dit Francis, nous marchons à la dynamite!

Henri reprend:

— Vous ne nous avez pas encore vus au bain à l'arrivée. Payez-vous cette séance. La boue ôtée, nous sommes blancs comme des suaires, la diarrhée nous vide, on tourne de l'œil dans l'eau. Le soir, à notre chambre, on danse la gigue comme saint Guy, au lieu de dormir. Regardez nos lacets, ils sont en cuir. Eh bien ! ils ne tiennent pas toujours, ils se rompent, et c'est du cuir tanné, du moins on le suppose... pensez ce que devient notre peau ! Quand nous descendons de machine, on passe à travers nos chaussettes, à travers notre culotte, plus rien ne nous tient au corps.

— Et la viande de notre corps, dit Francis, ne tient plus à notre squelette...

— Et les ongles des pieds, dit Henri, j'en perds six sur dix, ils meurent petit à petit à chaque étape.

— Mais ils renaissent pour l'année suivante, dit Francis.

Et, de nouveau, les deux frères s'embrassent par-dessus les chocolats.

— Eh bien ! tout ça – et vous n'avez rien vu, attendez les Pyrénées, c'est le *hard labour* – tout ça, nous l'encaissons... Ce que nous ne ferions pas faire à des mulets, nous le faisons. On n'est pas des fainéants. Mais, au nom de Dieu, qu'on ne nous embête pas. Nous acceptons le tourment, nous ne voulons pas de vexation ! Je m'appelle Pélissier et non Azor ! J'ai un journal sur le ventre, je suis parti avec, il faut que j'arrive avec. Si je le jette, pénalisation ! Quand nous crevons de soif, avant de tendre notre bidon à l'eau qui coule, on doit s'assurer que ce n'est pas quelqu'un, à cinquante mètres, qui la pompe. Autrement : pénalisation. Pour boire, il faut pomper soi-même. Un jour viendra où l'on nous mettra du plomb dans les poches, parce qu'on trouvera que Dieu a fait l'homme trop léger. Si l'on continue sur cette pente, il n'y aura bientôt que des "clochards" et plus d'artistes. Le sport devient fou furieux.

— Oui, dit Ville, fou furieux !

Un gosse s'approcha :

— Qu'est-ce que tu veux, mon petit ? fait Henri.

— Alors, monsieur Pélissier, puisque vous n'en voulez plus, qui va gagner maintenant ?

Voilà, presque intégralement retranscrit, l'article qu'Albert Londres publia dans l'édition du *Petit Parisien* daté du 28 juin 1924, le lendemain de cet abandon retentissant. Les Pélissier en rajoutaient-ils ? Oui et non. Oui car leur colère devait trouver un prétexte, oui parce qu'en se faisant passer pour des martyrs, ils évitaient d'avoir à s'expliquer sur les craintes que leur inspirait Bottecchia... Et non, parce qu'on se doute bien que ces gens-là, avec le matériel de l'époque (le dérailleur ne sera autorisé qu'en 1937 !) et les centaines de kilomètres à abattre chaque jour, ne marchaient pas seulement à l'eau claire... Il faut bien savoir que le cyclisme de ces années-là n'était pas affaire de fillettes, et que seuls les hommes d'une trempe exceptionnelle pouvaient s'y faire un nom. Ils méritaient amplement le qualificatif de "Géants de la route" que leur donnait volontiers Henri Desgrange. Géants, et non pas forçats, comme il a été dit, et comme vous le verrez plus tard.

En attendant, Henri Pélissier, comme il l'avoua quelques années après, avait profité de la crédulité d'Albert Londres en matière de cyclisme pour "noircir le tableau" afin de contrarier Henri Desgrange. Il est vrai que les rapports du créateur du Tour avec l'aîné des Pélissier ont été tumultueux, passant de la grande fraternité à la haine en fonction des événements. L'année suivante, en 1925, Henri abandonnera le Tour en Bretagne et Francis dans les Pyrénées. Henri Desgrange, qui a toujours l'article d'Albert Londres sur l'estomac, titrera son éditorial de *L'Auto*: "Bon débarras". Bonjour l'ambiance ! Le benjamin des Pélissier, Charles, a rejoint son frère Francis qui vient d'abandonner au Tourmalet, et tous deux s'offrent un somptueux repas à Luchon, arrosé de champagne... des agapes qu'ils feront mettre sur la note d'Henri Desgrange !

Le (mauvais) caractère des Pélissier leur a sans doute porté préjudice. De l'avis unanime des témoins de cette époque, Henri, notamment, avait une classe énorme qui aurait pu en faire un Eddy Merckx avant l'heure. Il s'est quand même constitué un joli palmarès. De même Charles, que, contrairement à ses frères, Henri Desgrange avait pris en grande affection ! Surnommé "Charlot", "Le bien-aimé", "Le Brummel des pelotons", "Le Valentino du sport", l'"Élégant", ou comme l'écrivit plus tard Antoine Blondin, le "Dandy des grands chemins", Charles Pélissier était tout le contraire de ses frères : séducteur, pondéré, aimable, intelligent, il a conquis le public au point d'être aussi populaire que son ami Maurice Chevalier. Sur le plan sportif, il a surtout gagné seize étapes dans le Tour de France, dont huit dans la seule édition de 1930, un record qu'il partage avec Eddy Merckx et Freddy Maertens.

Qui a inventé les "forçats de la route" ?

Pélissier... ce nom restera en tout cas comme celui de la plus étonnante fratrie de l'histoire du cyclisme. Et qui dit Pélissier, dit donc "forçats de la route". Venons-y ! Tordons le cou à une légende tenace !

Albert Londres n'a jamais employé l'expression "forçats de la route". Son article du *Petit Parisien* était titré exactement : "L'abandon des Pélissier ou les martyrs de la route". Mais le grand reporter venait l'année précédente, de publier sa saisissante série d'articles sur le bagne de Cayenne, d'où ces inévitables rapprochements, erreurs qui persistent encore dans les ouvrages des meilleurs spécialistes de l'histoire du vélo.

Son confrère André Reuze, du *Miroir des sports* est formel, son ami Albert Londres n'a jamais fait ouvertement référence au bagne, même dans ses critiques les plus sèches à l'égard d'un règlement du Tour qu'il trouvait tout de même d'un autre âge.

En fait, l'expression "forçats de la route" apparaît pour la première fois en novembre 1906, sous la plume du journaliste Maurice Genin, dans les colonnes du *Bulletin de la Chambre syndicale des cycles et automobiles de Saint-Étienne et du bassin de la Loire.* Le style épique est déjà la marque des reporters qui suivent le Tour : « Je les ai vus passer, les concurrents du Tour de France cycliste, ces martyrs de la pédale, suant, soufflant, geignant, grimaçant à chaque coup de jarret. [...] Et l'imagination obsédée par ces belles ardeurs et ces volontés quasi surhumaines, je m'y suis intéressé à une étape, puis deux... [...] Saluez, ce sont les "forçats de la route !". »

On retrouve ensuite l'expression sous la signature d'Henri Decoin, qui avant de devenir le grand cinéaste qu'on sait et d'épouser l'actrice Danielle Darrieux, a été un sportif éclectique et participé à deux jeux Olympiques, en natation et water-polo. Henri Decoin a fait cent métiers les plus divers, dont celui de journaliste sportif à *L'Auto*, *L'Intransigeant* et *Paris-Soir*. C'est à ce titre qu'il a commis en effet un article consacré aux "touristes-routiers", ces cyclistes non professionnels qui longtemps ont participé aux grandes courses aux côtés des vedettes. Il a écrit ceci : « Avec leurs numéros dans le dos, ils ressemblent aux forçats d'Albert Londres". Il n'en fallait pas plus pour que la paternité de l'image revînt au galop coller aux basques du grand reporter du bagne de Cayenne !

Chapitre 5

"Dédé Gueule d'Amour" dérape, tombe, pleure... et gagne !

Quand il franchit le sommet du Galibier, il est follement acclamé... par les spectatrices en particulier car "Dédé Gueule d'Amour" ne laisse pas la gent féminine indifférente ! C'est vrai qu'il est séduisant, moulé dans son beau maillot jaune. Son coéquipier Pierre Magne est passé le premier, devant l'étonnant "touriste-routier" Benoît Faure qui fait la nique à bien des professionnels sur ce Tour de France 1930. Mais André Leducq arrive juste derrière le Belge Demuysère et devant l'Italien Learco Guerra, ses deux principaux adversaires. Et l'on s'attend à ce qu'il leur mène la vie dure dans l'interminable descente du col, 18 kilomètres, suivie d'un joli petit rebond de 5 km pour escalader le col du Télégraphe, et d'une nouvelle descente de 13 kilomètres. Car le "Joyeux Dédé" est un sacré descendeur, il donne des frayeurs à tout le monde, à ses adversaires et aux suiveurs.

La démonstration commence. C'est un exercice dangereux avec le mauvais revêtement des routes de montagne de l'époque. Et voilà notre Dédé qui se lance dans son numéro. Un vrai funambule ! Il ose des trajectoires que les autres évitent... mais soudain, dans un virage, la terre est mêlée de gravier, les roues se dérobent, c'est l'accident. Leducq part en vol plané à plus de 70 km à l'heure. On craint le pire. Mais on le voit qui se relève, à moitié groggy. Il titube, regarde vaguement ses genoux et ses mains qui saignent, il arrive à marcher, c'est déjà ça, il regarde son vélo, inquiet, dans quel état est-il ? Surprise, les roues tournent ! Et il repart tant bien que mal, la peau écorchée, à vif, le sang sèche avec la poussière, il pédale malgré la douleur et l'étourdissement en compagnie de Pierre Magne et Marcel Bidot qui essaient de lui remonter le moral.

Peu à peu, les jambes se remettent à tourner, la *vista* revient. Leducq reprend courage. Il descend à nouveau à toute vitesse, plonge sur Valloire. Il semble bien avoir récupéré. Quand tout à coup, dans l'ascension du Télégraphe, patatras ! une pédale abîmée dans la chute casse net. Nouveau gadin. Nouvelles blessures. Nouveau désespoir. Cette fois, il n'y croit plus. Il s'effondre sur le bord de la route. Il se verse un bidon de thé sur son genou qui saigne. Assis sur un rocher, son vélo à terre devant lui, il baisse la tête, et comme un enfant, il pleure : « Maman, maman, tout est fichu ! » Il avait distancé son adversaire italien Guerra dans la descente, il le voit passer devant lui, et Learco lui lance : « Pleure pas Dédé, c'est rien du tout ! », avant de disparaître dans les lacets.

Guerra et Demuysère sont de véritables "locomotives", des rouleurs infatigables, il le sait. Il pense avoir perdu le Tour. Surgit alors Charles Pélissier, le cadet de la célèbre fratrie, le chouchou d'Henri Desgrange, le capitaine de cette équipe de France, qui en est déjà à quatre victoires d'étapes sur ce Tour. Et tandis que Pierre Magne prélève une pédale sur le vélo d'un spectateur pour remplacer celle de Dédé, Charles rameute toute l'équipe de France. Les hommes se rejoignent dans la descente du Télégraphe et s'engagent alors une infernale course-poursuite entre les échappés et les Français. Mission sacrée : sauver le maillot jaune !

Un pour tous, tous pour un : les mousquetaires du vélo se lancent dans leur chevauchée fantastique. Cette chasse effrénée restera dans l'histoire du Tour. Devant, le *quatuor* qui a pris près de 14 minutes d'avance comprend tout simplement les trois premiers du nouveau classement général virtuel, avec Guerra maillot jaune devant Demuysère et Benoît Faure. C'est dire s'ils ont intérêt à rouler ! Ils sont accompagnés du jeune grimpeur espagnol Vicente Trueba. Derrière, autour d'André Leducq, les fous pédalant se nomment Antonin Magne, Charles Pélissier, Marcel Bidot, Pierre Magne et Jules Merviel. Un quart d'heure à combler ! La cadence infernale aura vite raison de Merviel, qui laissera ses équipiers au bout de 5 km.

Dans un village qu'on traverse sur une route en montée, un gamin se met à courir auprès d'eux. Leducq l'interpelle : « Les Italiens sont passés depuis combien de temps ? » – « Pas plus de 5 minutes ! », a le temps de lancer le gosse tout essoufflé. 5 minutes ! Ils ont donc repris 10 minutes, le train d'enfer est payant. Et l'information décuple leur énergie, les Tricolores sont déchaînés. Bientôt, Guerra et les autres n'en croient pas leurs yeux, la bande à Leducq les rattrape juste après Albertville, la bataille aura duré près de 100 kilomètres. « Ah oui je crois qu'on a parcouru 100 kilomètres sans se parler, m'ont raconté les frères Magne. On se relayait, on roulait, on se replaçait, on reprenait son tour de relais. » Tous sont littéralement exténués, les fuyards comme les poursuivants, aussi, quand se profilent les premières pentes du col des Aravis, personne ne bouge, personne n'a envie d'attaquer. « On était tous ratatinés, on a monté plan-plan et on n'a pas accéléré non plus dans les trente derniers kilomètres qui mènent à Évian », se souvient Dédé.

L'orage qui menaçait depuis plusieurs minutes finit par éclater et les coureurs vont se disputer la victoire d'étape au sprint. Leducq veut l'offrir à Charles Pélissier en signe de reconnaissance. « On l'avait prévenu : Pierre Magne lancera le sprint au kilomètre, je suis derrière lui, tu te mets dans ma roue, je le relaye et puis tu passes ! » Tout s'est déroulé comme prévu sauf que Leducq allait tellement vite que Charles n'a pas pu passer et que Dédé a gagné cette étape... où il avait failli tout perdre ! Une bien belle histoire avec une merveilleuse équipe de France qui a justifié la décision d'Henri Desgrange de faire disputer le Tour par équipes nationales. Charles Pélissier s'est vite consolé de ce sprint raté en gagnant les 4 dernières étapes ! Et de 8 au total avec en prime sept deuxièmes places ! Qui dit mieux ?

Encore un détail : sachez que cette étape, avec l'escalade du Lautaret, du Galibier et des Aravis, était longue de 331 kilomètres et que les concurrents étaient partis de Grenoble à trois heures du matin ! De vrais "Géants de la route", une véritable étape de légende et un héros qui restera immortel !

Immortel en effet : car la photo d'André Leducq, où l'on voit le maillot jaune éploré, la tête penchée, appuyée sur un bras, a inspiré le sculpteur allemand Arno Breker qui a réalisé une statue célèbre prenant exactement Leducq et son attitude pour modèle. L'œuvre s'intitule "Le guerrier blessé" *(Der verwundete Krieger)*, et on peut l'admirer dans le jardin du musée Arno Breker à Düsseldorf. Breker que Maillol avait qualifié de "Michel-Ange de l'Allemagne".

« J'étais un jour en consultation chez mon docteur,

raconte André Leducq dans ses souvenirs *Une fleur au guidon,* et en feuilletant une revue dans la salle d'attente, je tombe en arrêt devant la photo d'une statue. Elle s'intitulait "Le guerrier blessé". Un homme nu, à la musculature puissante, assis sur un bloc de pierre, l'air accablé, le coude en appui sur le genou, la main droite sur sa tête inclinée. Cela me rappelait quelque chose... l'attitude que j'avais eue après ma chute dans le Télégraphe. J'ai détaché la page de la revue. Et ce n'est que bien des années plus tard, quand j'ai fait sa connaissance, que Jean Cocteau m'a dit: "Savez-vous qu'un célèbre sculpteur allemand a fait une statue de vous?". »

En 1958, le champion a pu rencontrer l'artiste qui lui a raconté qu'il habitait à Paris en 1930 et qu'un matin du mois de juillet en allant acheter sa baguette de pain et son journal, *L'Auto*, il était tombé sur la fameuse photo et qu'il s'était exclamé: "Quelle pose formidable!"

André Leducq avait acquis une œuvre de Breker, moins imposante, une tête du même sujet que le sculpteur avait faite en étude, et qu'il aimait montrer à ses visiteurs dans son appartement parisien du 19 de la rue Michel-Ange à Paris, où une plaque apposée sur l'immeuble rappelle qu'il a vécu dans cette maison avec sa troisième femme Danièle. Il "se marre" – il aime cette expression – en évoquant ses mariages: « Ma première épouse m'a coûté un immeuble de six étages, la deuxième m'a donné un fils, la troisième m'a apporté la sérénité. » Des amis, il en défila chez Dédé! Il comptait en effet parmi les champions les plus populaires de l'entre-deux-guerres, avec l'athlète Jules Ladoumègue, le boxeur Georges Carpentier ou les mousquetaires du tennis, Cochet, Lacoste, Borotra et Brugnon. Il était avec Charles Pélissier l'un des rares sportifs à faire partie du Tout-

Paris... grâce au Tour mais surtout aux Six Jours, « mon bottin mondain », disait Leducq. Il fréquentait Maurice Chevalier, Jean Gabin, Albert Préjean Jean Marais, Sacha Guitry, Marcel Pagnol, Jacques Prévert, Joseph Kessel, Mistinguett, Joséphine Baker, et les peintres Maurice de Vlaminck, Bernard Buffet, Gen Paul, Poulbot... Il avait d'autres amis comme le célèbre truand – « qui n'avait pas une goutte de sang sur les mains ! » – François Marcantoni, "Monsieur François" ou "le Commandant", avec qui nous avons partagé des déjeuners riches en histoires de toutes sortes. Marcantoni réservait toujours une table au fond du restaurant et s'installait face à l'entrée... pour bien surveiller les nouveaux entrants !

Des histoires, André Leducq en avait des multitudes à raconter. J'habitais pas très loin de chez lui et le samedi matin on se retrouvait rue La Fontaine chez notre ami garagiste, Monsieur Vogade, en face du restaurateur étoilé Michel Pasquet qui offrait le champagne. André était né avec le Tour de France, ou presque, en 1904, il était toujours en relation avec des coureurs d'avant 1914 comme le Normand Eugène Dhers, un joyeux drille lui aussi. Il allait régulièrement rendre visite à la femme de François Faber à Enghien, et à Madeleine la veuve de Charles Pélissier. Et il nous parlait de ses copains des années 1930, tous vivants, les Magne, Speicher, Lapébie, six victoires dans le Tour pour l'équipe de France en huit ans. Tout cela m'avait donné une idée... faire raconter l'histoire du Tour de France par ceux qui l'ont vécue avec Leducq comme guide et fil conducteur. C'est ainsi que j'ai pu réaliser en 1976 le film *Les Étapes de la gloire* que nous avons déjà évoqué dédié à André Leducq « qui est né avec le Tour de France et qui, comme lui, n'a pas vieilli. »

Il était heureux, André, de se retrouver en vedette, il aimait cela et c'était tellement sympathique. Il m'a offert la pipe de François Faber – notre champion préféré – retrouvée dans son paquetage après sa mort au début de la guerre de 1914 et que sa femme lui avait donnée. Sa collection de *La Vie au grand air* des années 1930 qui raconte les Tours d'alors est passée de sa cave à mon grenier. Et un jour, il m'a apporté un petit revolver dans son étui en cuir : « J'avais toujours ça dans la boîte à gants de ma voiture, on ne sait jamais... mais comme je ne conduis plus beaucoup, tiens prends-le. »

Notre ami Vogade, en vacances dans les Alpes, lui avait fait une bonne blague. Il lui avait adressé cette lettre : « Cher Monsieur Leducq, mon grand-père était dans Le Télégraphe quand vous êtes tombé en 1930. Il a récupéré votre pédale cassée et il vient de me l'offrir. Je pense que ce trophée vous intéresse mais comme je suis dans le besoin, je vous propose de vous l'envoyer contre la somme de 5 000 francs. Avec mes salutations sportives.» « 5 000 francs, il est gonflé le gars ! nous expliquait Dédé dans l'un de nos rendez-vous du samedi matin en montrant la lettre, 500 balles d'accord mais pas plus ! Ah ! je vais en parler à Durry, ça l'intéressera sûrement pour son musée du Sport. » Puis s'apercevant que son correspondant n'avait pas mis son adresse : « Quel c... ! J'espère qu'il va réécrire, j'aimerais quand même bien la revoir cette pédale ! »

Dédé a passé son dernier week-end parisien chez moi en juin 1980 à l'occasion du baptême de ma fille Aigue-Marine. Il est arrivé avec une plaie au front : « Je suis tombé en descendant de vélo au bois de Boulogne et je me suis cogné la tête sur le trottoir comme un c... ! »

Le lendemain, il est parti pour Marseille chez son ami Roger Poulain aux Goudes où il s'adonnait à sa nouvelle passion, la plongée sous-marine, découverte à l'âge de 60 ans. Un matin, ses amis l'ont retrouvé inanimé, il était tombé de son lit. Il est mort à l'hôpital de Marseille à 76 ans, le 18 juin 1980. Il n'avait pas pris au sérieux sa chute du bois de Boulogne...

La victoire d'André Leducq dans le Tour de France 1930 en avait fait un héros. Depuis 1923 en effet, et le succès d'Henri Pélissier, les étrangers faisaient la loi sur les routes du Tour. Enfin ! Après une disette de six ans ! Inutile de décrire l'enthousiasme du public... d'autant plus que l'équipe de France avait effectué une véritable *razzia* sur les étapes : huit pour le seul Charles Pélissier, record qui ne sera égalé que bien plus tard par les Belges Eddy Merckx (en 1970 et 1974, mais avec des étapes contre-la-montre) et Freddy Maertens (en 1976), deux pour Leducq, une pour Antonin Magne et une pour Jules Merviel.

Ce Tour de France sera également marqué par plusieurs innovations qui vont faire de cette 24e édition la première de l'ère moderne. Depuis trois ou quatre ans, quelques voitures faisaient ce qu'on appelait de la "réclame", en parcourant les étapes après le passage des coureurs. On y vantait les mérites du chocolat Menier, des réveils Bayard ou du cirage Lion Noir. Mais 1930 va changer la donne. Avec sa nouvelle formule de 5 équipes nationales de 8 coureurs (France, Italie, Belgique, Espagne, Allemagne) et 60 "touristes-routiers" répartis en 9 équipes régionales, le budget de l'organisation explose. Henri Desgrange veut mettre un terme à la domination des grandes marques de cycles qui écrasaient et souvent allaient jusqu'à fausser la course. Il va financer les équipes nationales et fournir à ces 40 coureurs les mêmes vélos, sans marque, de couleur jaune, comme le maillot du même nom et la couleur du papier du journal *L'Auto.* Mais pour cela il faut trouver de l'argent.

Desgrange va puiser à deux sources. La première lui est proposée par Paul Thévenin, le directeur de la publicité des chocolats Menier. Il avait éprouvé le succès obtenu par ses véhicules qui distribuaient des échantillons au public après le passage des coureurs. Il propose au directeur du Tour de faire passer les voitures et les camions non plus après, mais avant la course, de manière à capter le maximum d'attention des millions de spectateurs qui attendent le passage des coureurs. Les deux hommes s'entendent sur le principe, mais aussi sur la redevance que paieront les marques pour avoir le droit de profiter de la notoriété du Tour de France. La caravane publicitaire est née. La première, en 1930, sera composée des trois firmes déjà citées (chocolat Menier, réveils Bayard, cirage Lion Noir), du gruyère Staff et du café Standard. Dans la foulée, le chocolat Menier crée un "Prix de la Montagne" doté de 5 000 francs, le trophée du meilleur grimpeur n'existe pas encore officiellement, il ne sera créé qu'en 1933, mais un classement est néanmoins effectué par *L'Auto*, qui récompense cette année-là le touriste-routier Benoît Faure.

Autre source de revenus: la redevance demandée aux villes-étapes, en contrepartie du bénéfice économique (hôtellerie, restauration), touristique et publicitaire octroyé par le passage du Tour.

Et puis, il y a aussi une nouveauté qui me tient particulièrement à cœur et qui va donner une autre dimension au Tour: 1930 marque en effet l'arrivée de la radio sur la route du Tour! On dit alors la TSF (Télégraphie sans fil). Parmi ces pionniers du radioreportage, les plus célèbres sont Jean Antoine et Alex Virot, qui font équipe cette année-là. Georges Briquet les rejoindra sur le Tour en 1933. Les auditeurs sont passionnés par cette nouveauté. Jean Antoine fait un reportage épique sur l'aventure de Leducq et des tricolores dans l'étape du Galibier. Peu habitués à ces drôles d'appareils qu'on appelle les micros, les coureurs ont des réactions diverses. « Qu'est-ce que c'est que cet engin?, s'esclaffe Georges Speicher la première fois qu'il est interviewé, et si je cause là-dedans, ma femme chez elle va pouvoir m'entendre ? » Et quand Jean Antoine questionne Leducq à l'arrivée à Évian, après sa chevauchée fantastique, Dédé bredouille et reste paralysé par le trac, et c'est Marcel Bidot qui répond à sa place en racontant les chutes, en dramatisant la situation. Devant leur poste de TSF, les parents du maillot jaune sont aux cent coups! Et les voilà partis de Gennevilliers pour Évian, au comble de l'angoisse, roulant la nuit, imaginant le pire...

"Dédé Gueule d'Amour" remettra ça deux ans plus tard, et la France va connaître ses années de vaches grasses, avec cinq victoires d'affilée: 1930 (Leducq), 1931 (A. Magne), 1932 (Leducq), 1933 (Speicher) et 1934 (A. Magne).

Sprinter irrésistible, bon rouleur et grimpeur honnête, "Le Joyeux Dédé" était un coureur complet qui a marqué son époque de tout son talent et sa gouaille. Notre ami commun, le journaliste et académicien Michel Droit, l'intervieweur préféré du général de Gaulle, a brossé de lui, en quelques lignes, un remarquable portrait: « André Leducq avait tout pour lui. Il parlait comme le Montmartrois bien qu'il soit né à Saint-Ouen; il avait le rire facile et savait le provoquer chez les autres, d'un mot, d'une répartie; il éclatait de santé; il plaisait aux femmes et aux foules; il était généreux dans l'effort comme dans le contact humain; il possédait le goût de la victoire et celle-ci le lui rendait bien! Enfin quand il lui arrivait de perdre, cela se lisait au classement, jamais sur son visage. »

Avec deux Tours de France à son actif, mais aussi des victoires dans Paris-Roubaix, Paris-Tours (« j'ai fait mieux que Merckx qui n'a jamais gagné cette course », se marrait Dédé), Le Critérium international, le Critérium des As, André Leducq a été aussi recordman des victoires dans le Tour (25) jusqu'à l'avènement d'Eddy Merckx... mais les comparaisons sont difficiles, avec la création des prologues et des demi-étapes des Tours de l'ère moderne. Une chose est incontestable, en revanche, c'est que le "Joyeux Dédé" aura été l'un des coureurs phares de ces "Années Folles" dont personne ne savait encore qu'elles allaient prendre fin beaucoup plus tôt que prévu. Des années, des Tours, des coureurs que ne peuvent même pas imaginer les champions d'aujourd'hui.

En 1934, Roger Lapébie partageait la chambre d'André Leducq, mais il n'était parfois pas le seul, comme il me l'avait raconté dans les années 1980 quand il était mon pilote sur le Tour de France : « Leducq était vraiment la grande vedette, il avait beaucoup d'admiratrices, et un soir à Marseille, il avait donné rendez-vous à deux danseuses de cabaret que nous connaissions qui étaient en tournée en Provence. Il y avait un jour de repos le lendemain et on pouvait se permettre certaines fantaisies. Elles sont venues nous rejoindre après le dîner et j'étais en train d'oublier ma blessure au mollet quand on frappa à la porte. En vitesse Leducq enferma nos danseuses dans l'armoire et alla ouvrir la porte au soigneur officiel du Tour, Henri Manchon, qui venait s'enquérir de mon état de santé.

– Je vous entendais rire, ça me semble aller, les petits ! Vous ne manquez de rien ?

– Oh non Monsieur Manchon !

– Eh bien bonne nuit !

– Elle ne fut pas mauvaise, merci !

Chapitre 6

Le "sacrifice" du Roi René

3 juillet 1934, c'est l'effervescence rue du Faubourg-Montmartre à Paris. On va donner le départ du vingt-huitième Tour de France devant le siège de *L'Auto,* le journal organisateur. Tous les regards convergent vers deux coureurs, deux Français, Georges Speicher qui porte le maillot de champion du monde, et Antonin Magne, vainqueur du Tour en 1931. La foule n'a d'yeux que pour eux ? Cela arrange le benjamin de l'équipe de France, qui découvre l'ambiance de la Grande Boucle à vingt ans, et regarde le bout de ses chaussures. René Vietto, à la peau brune et au cheveu raide est intimidé de se retrouver ainsi parmi ses illustres aînés. Mais que fait-il dans la formation tricolore, ce gamin de la Côte d'Azur égaré à Paris ?

Il a bien gagné quelques courses chez lui, du côté de Cannes et de Nice, et l'on a pu voir ses qualités de grimpeur sur les pentes du mont Agel ou du mont Faron. Mais de là à être sélectionné pour le Tour... d'autant plus qu'il n'a que trois années de pratique du vélo derrière lui. Trois ans sur un vélo et déjà sur le Tour de France ! Mais, à peine son apprentissage de la vie en peloton terminé, le petit René a signé un véritable exploit, en s'imposant dans le Grand Prix Wolber, une course prestigieuse à l'époque. D'où sa sélection d'aujourd'hui.

Le voilà donc parti, dossard 38, en procession à travers Paris et sa banlieue jusqu'au départ réel donné au Vésinet. Les débuts de René vont être douloureux : il perd 12 minutes dans la première étape, et manque d'être éliminé dans la deuxième. Il a crevé à quatre reprises et il n'a plus de boyaux de rechange. La voiture de l'équipe s'occupe davantage des leaders que du petit dernier. Personne n'imagine alors que ces malheurs ne sont que les prémices de la "poisse" qui va marquer toute la carrière de Vietto. En attendant, courageusement, malgré cette demi-heure de retard au classement général, il rêve de jours meilleurs. Il ne va pas attendre longtemps.

L'équipe de France remporte les six premières étapes, et le maillot jaune est solidement accroché aux épaules d'Antonin Magne. Après la Picardie, le Nord, l'Alsace et le Jura, le peloton descend maintenant plein sud, et René commence à respirer. On arrive dans les Alpes – la montagne, enfin ! – et le chant des cigales de sa Provence n'est plus bien loin. Il commence à se sentir pousser des ailes, d'autant plus qu'il fait très chaud. Des ailes, oui, car Vietto va se révéler comme le premier "Ange de la montagne" de l'histoire du Tour. II empoche trois étapes alpestres, au grand étonnement des ténors de la course ! Il gagne détaché à Grenoble où on le voit pleurer de joie, on le verra souvent pleurer pendant toute sa carrière ! Puis à Digne, encore, après avoir dompté Vars et Allos et mené à bien un raid fantastique de 150 km en solitaire ! Mais ce qui surprend le plus, chez lui, ce sont ses facultés de descendeur, qui sidèrent les suiveurs habitués à voir les grimpeurs perdre régulièrement en descente l'avantage pris au sommet. Pas de doute, un champion du Tour est en train de naître !

« C'est un plaisir de le voir grimper », analyse élégamment Jean de Lascoumettes dans *Match-l'Intran.* « Bien assis sur sa selle, les jambes tombant dans un plan vertical, ses pieds jouant aisément sur l'axe de la cheville, il semble donner une démonstration du bien pédaler. »

Vietto signe enfin une troisième victoire à Cannes, au terme d'une étape qui lui tient particulièrement à cœur, puisqu'il est né juste à côté, au Cannet-Rocheville où sa maman Laurence et sa sœur cadette Lucienne tiennent une épicerie.

« Hé peuchère ! Vous avez vu ce petit, je savais bien qu'il était fort comme un homme, mais quand même je ne le croyais pas capable de ça ! Vous l'avez vu battre l'Italien sur la Croisette ? Ah ! Bonne mère ! il me fera mourir de joie ! Et j'ai fait le tour d'honneur et j'ai parlé au micro comme si j'avais gagné moi-même ! Mais pourvu qu'il ne se fatigue pas trop. Je l'ai approché 5 minutes, pas davantage. J'aurais voulu qu'il vienne à la maison. Il m'a dit qu'il ne pouvait pas quitter ses camarades, que c'était défendu, et vous savez pour ça, il écoute bien mon petit René ! Mais c'est quand même dommage qu'on l'ait laissé comme ça en panne dans le Nord, c'est lui qui aurait le maillot jaune aujourd'hui ! »

La vérité peut aussi sortir de la bouche d'une maman ! Oui le petit René n'a pu s'empêcher d'attaquer dans le col de Braus qu'il connaît pour l'escalader régulièrement à l'entraînement. Magnifique... sauf que son leader Antonin Magne accuse le coup parce que son principal adversaire l'Italien Martano a pris la roue de Vietto alors que lui, il n'a pas pu suivre. À l'arrivée sur la Croisette, Vietto dispose de son rival au sprint. C'est du délire. La foule le porte en triomphe, le service d'ordre est débordé, le directeur du Tour Jacques Goddet et le radioreporter Georges Briquet sont bousculés. Même le poète André Salmon, qui suit le Tour pour *Le Petit Parisien*, succombe au charme de celui qu'on ne va pas tarder à surnommer "Le Roi René" : « L'immense clameur populaire a dépassé de loin le tumulte de la mer », écrit-il.

Le soir à l'hôtel, malgré cette nouvelle victoire tricolore, c'est plutôt la "soupe à la grimace". Car le "numéro" de Vietto a fait perdre 3 minutes et 23 secondes à Antonin Magne sur son adversaire italien, revenu à 2 minutes et 5 secondes au classement général. Le numéro du Cannois n'a pas plu à tout le monde. Dans les chambres de l'équipe de France, il y a, il faut le dire, une certaine jalousie ce soir-là et il n'est pas sûr qu'on parle du "régional de l'étape" avec beaucoup de sympathie. D'accord, il est revenu à la troisième place au général, mais il est encore à près d'une demi-heure d'Antonin Magne et de Martano. Dans l'équipe de France, on se connaît bien. Antonin Magne, Georges Speicher, Charles Pélissier, Roger Lapébie, Raymond Louviot, Maurice Archambaud, René Le Grevès se côtoient toute l'année dans les grandes courses. Mais ce petit Vietto, « qu'est-ce qu'il fait, qu'est-ce qu'il a, qui c'est celui-là ? » avec « son regard noir et perçant, son front barré d'une ride, et son accent qui évoque tout le soleil de la Provence », comme l'écrivait si joliment le délicieux François Terbeen dans *les Géants du cyclisme*. Et quelles sont ses intentions ?

Ses intentions ? Il ne le sait peut-être pas lui-même. Ce qui est sûr, en revanche, c'est qu'il découvre l'ivresse de briller dans le Tour de France. Lui qui n'a pas vraiment de métier, cueilleur de jasmin, apprenti mécano, *groom* au somptueux hôtel Majestic de Cannes, et au casino du Palm Beach, il est encore tout étonné de se retrouver là.

Il a pris sa première licence (en cachette de son père et surtout de sa mère qui porte la culotte dans le ménage) à l'Étoile Sportive de Cannes en 1931 et signe aussitôt ses premiers succès régionaux. Deux ans après, il court déjà Milan-San Remo ! Et pas en touriste, puisqu'il se classe treizième. Cette belle performance lui vaut de disputer le Tour d'Italie. Cinquième de la première étape, il se retrouve dans une échappée en compagnie d'Alfredo Binda, son idole depuis toujours, premier champion du monde de l'histoire en 1927 et couronné encore en 1930 et 1932, Binda qui lui a dédicacé une photo accrochée au-dessus de son lit : "Amicalement à Vietto le grimpeur". Il termine ce Giro 1933 assez désabusé et dégoûté par ses nombreuses chutes sur des routes impossibles mais son talent n'est pas passé inaperçu, et des constructeurs de cycles lui proposent de l'engager... s'il prend la nationalité italienne, son grand-père étant Piémontais. René refuse et rentre en France. L'année suivante, il termine sixième de Paris-Nice malgré des chutes, encore, et des crevaisons, ce qui lui vaut d'être engagé par l'équipe professionnelle Helyett. Et surtout, il remporte ce fameux Prix Wolber. Tout cela, ajouté à ses places d'honneur dans le Critérium international (5e) et le championnat de France (9e) et à sa réputation de bon grimpeur, lui permet d'endosser le maillot tricolore de l'équipe de France du Tour.

Au départ de l'étape méditerranéenne Cannes-Marseille, René a partagé la France en deux ! Les Provençaux qui le croient capable de gagner le Tour dans les Pyrénées, et... tous les autres qui ne le connaissent guère et lui préfèrent "Tonin le sage" qui a déjà fait ses preuves en 1931. La division va bientôt se transformer en véritable affrontement ! Un drame cornélien va se jouer, qui figure toujours au Panthéon des historiographes de la plus grande course du monde. Le drame se joue en deux actes.

Premier acte. Le vendredi 20 juillet, avec au programme de cette étape Perpignan-Ax-les-Thermes, l'escalade du col de Puymorens. Tout va bien pour l'équipe de France, le peloton monte au train, Vietto passe en tête pour conforter sa place de meilleur grimpeur, le classement général ne risque pas d'être bouleversé, Antonin Magne peut rouler tranquille. Sauf qu'avant d'atteindre L'Hospitalet, en pleine descente du col, il perd le contrôle de son vélo et se retrouve à terre...

“Tonin” m'a détaillé l'histoire et heureusement qu'il était là car Vietto n'aimait pas revenir sur ces moments : « J'ai été déporté dans un virage, mon guidon a touché le rocher et j'ai fait un vol plané au milieu de la route. Roger Lapébie m'a vu tomber mais il a poursuivi sa descente, il visait la victoire d'étape. Vietto qui était derrière moi m'a évité de justesse et il s'est arrêté.

– Tu as mal Tonin ?

Je ne lui ai pas répondu et j'ai bondi vers mon vélo, la roue avant, une roue en bois, était brisée.

– Donne-moi ton vélo René ! Son vélo était sacré pour lui...

– Oh ! Non ! mais tiens, voilà ma roue.

Je prends donc la roue de René et je m'escrime à la mettre dans l'axe de ma fourche. Impossible de la faire rentrer, impossible parce que... je finis par dire “bon sang René tu as un axe de neuf, moi j'ai du huit”.

À ce moment, arrive Georges Speicher avec son maillot arc-en-ciel de champion du monde, qui avait été légèrement distancé dans la montée de Puymorens et qui nous dit avec son accent parisien : “Qu'est-ce qu'il y a les gars ?

Qu'est-ce qu'il y a ?" Alors René lui explique : "Antonin a chuté, il a brisé sa roue et il ne peut pas mettre la mienne." Georges n'hésite pas, il me donne sa roue et je repars. Mais c'est là que commence le premier drame pour Vietto car Speicher réussit à mettre la roue de René dans sa fourche et à descendre le col. Quant à notre jeune coéquipier, il est stigmatisé par une image qui restera longtemps, assis sur un muret, abandonné de tous. »

Le champion du monde, avec son maillot arc-en-ciel se faisant "domestique", l'image est belle et aurait pu passer à la postérité. Mais elle restera anecdotique, car c'est le "sacrifice" de Vietto qui va déchaîner les passions. La photo du jeune Cannois assis sur le parapet de pierre, son vélo sans roue avant posé près de lui, va faire entrer le "Roi René" dans la légende. Comme celle d'Anquetil et Poulidor au coude à coude, trente ans plus tard, dans l'ascension du Puy-de-Dôme...

René Vietto, avec son côté cabot, avait déclaré bien des années après : « Cette roue, je ne l'ai pas donnée, on me l'a prise. C'était un hold-up. J'aurais dû porter plainte pour vol. » Il y avait là de l'humour à la Vietto, de la comédie mais sans doute aussi une bonne part de nostalgie.

Mais sur le moment, son côté taciturne l'emporte, il ravale sa frustration et ne se livre à aucune déclaration déplacée. C'est un des traits de son caractère, face à l'adversité, il ne s'en prend jamais à autrui, au mauvais sort, il assume, et prépare ses revanches. Il en rumine justement une belle, qu'il compte bien essayer de prendre dès le lendemain. Mais le destin va-t-il être d'accord ?

Deuxième acte. Samedi 21 juillet. Au menu du jour, les ascensions des cols de Port, Portet d'Aspet et des Ares, entre Ax-les-Thermes et Luchon. Un menu qui inspire des coureurs mal placés au général et qu'on laisse faire. L'Italien Vignoli, échappé solitaire, a pris les devants, et le peloton roule groupé dans la descente du Portet d'Aspet.

Soudain, juste avant le village de Cazaunous, la chaîne du vélo d'Antonin Magne saute, se coince et brise des rayons de sa roue arrière. Il est en queue du groupe qui chasse derrière Vignoli, et personne ne le voit s'arrêter. Il raconte encore :

« Je tombe dans un nid-de-poule, je fais sauter ma chaîne qui se coince littéralement. Alors j'étais là tout seul sur le bord de la route essayant de dénouer cette chaîne et je me lamentais “j'ai perdu le Tour, j'ai perdu le Tour...” Et d'un seul coup, miracle, je vois revenir René Vietto... »

Oui, Antonin Magne était bel et bien en train de perdre son maillot jaune, car il n'avait que 3 minutes d'avance sur Martano. Devant, deux membres de l'équipe de France roulent auprès de l'Italien, Roger Lapébie et René Vietto. Dans les premiers lacets du col des Ares, le Cannois réalise que son leader n'est plus là. C'est peut-être aussi un motard qui l'a prévenu. Toujours est-il que se produit alors cet événement unique dans l'histoire de la Grande Boucle : Vietto s'arrête, et repart... en sens contraire de la course, à la rencontre du maillot jaune ! Il remonte les pentes du Portet-d'Aspet et donne son vélo à Antonin Magne. Roger Lapébie qui est jeune lui aussi, 23 ans, et se pose un peu en rival de Vietto – il prendra la troisième place de ce Tour –, attend son leader et les deux tricolores entament une poursuite effrénée aux trousses de Martano. Ils finissent par le rejoindre, et Lapébie gagne le sprint pour la deuxième place à 4 minutes d'Adriano Vignoli.

Quant à René Vietto, il a encore perdu du temps avant

d'être dépanné mais il est doublement entré dans la légende ! Encore que... Pour les journalistes de l'époque il n'avait fait que son devoir d'équipier. Jean de Lascoumettes dans *Match* dira : « Vietto s'est sacrifié gentiment selon la consigne simplement acceptée qui est d'ailleurs une des beautés de cette vie et de cet esprit d'équipe. »

En rebroussant chemin il a endossé le maillot du bon samaritain et porté la croix du sacrifié. Au martyrologe du Tour, il occupe une place de choix. Il a reçu une énorme ovation le surlendemain en s'adjugeant en solitaire l'étape de Pau, avec la trilogie Tourmalet, Soulor, Aubisque et en consolidant sa place de meilleur grimpeur. Il sera cinquième au classement final de ce Tour de France 1934 qui l'a révélé... et qu'il aurait peut-être pu remporter s'il s'était couru en individuel et non pas par équipes. Le public parisien, en tout cas, reconnaît en lui le vainqueur moral de l'épreuve, et lui réserve un accueil inoubliable quand il entame son tour d'honneur, fleurs au guidon, en compagnie du maillot jaune Antonin Magne, qui partage avec lui sa victoire. Et l'on peut encore lire dans *Match* :

« René Vietto sera l'an prochain l'homme le plus populaire du Tour de France. Il a tout pour réussir, outre sa valeur. Sa jeunesse attire la sympathie. Il a une bonne tête d'enfant qui force l'affection. Il porte un nom bref, aisé à prononcer, chantant. Ce sont là de petits facteurs de succès. »

René a terminé ce Tour à une heure du vainqueur (59'02" exactement) qu'importe, il sait qu'il a les moyens de le remporter un jour. Il tente sa chance l'année suivante. Mais il est malade, victime de plusieurs chutes, la malchance le suit encore. Il gagne bien deux étapes dans les Alpes mais il doit se contenter à l'arrivée, d'une modeste huitième place à 1 h 21 min du vainqueur belge Romain Maès. Pourtant les organisateurs avaient pensé à lui dans ce Tour bizarre aux 6 demi-étapes contre-la-montre. La course d'équipe était sévèrement réglementée : interdiction aux coureurs d'une même équipe d'échanger leurs vélos jusqu'à Évian (5e étape) ; jusqu'à Pau (16e étape) les équipiers peuvent passer leur vélo à leur leader sauf s'ils occupent la deuxième ou la troisième place du classement général (Vietto était 3e quand il a secouru Magne dans les Pyrénées) ; enfin liberté totale dans les 5 dernières étapes.

1936, 1937, 1938 avec des chutes et des abandons seront vite oubliées car en 1939 enfin René Vietto endosse le maillot jaune. Double, triple ou quadruple revanche pour lui car il n'a pas été sélectionné en équipe de France. Pour la première fois il y a des équipes régionales qui vont se charger d'animer le Tour, Vietto en tête au sein de la sélection du Sud-Est. Sur la route de Lorient il se lance dans une longue échappée, Raymond Louviot, "Laripette", gagne l'étape, Vietto est en jaune !

Pendant 11 jours il va savourer son bonheur et faire rêver la France entière. Mais l'ange a perdu ses ailes de 20 ans, et l'Izoard va lui être fatal. À Briançon il cède le commandement à Sylvère Maès. Vietto se classera deuxième de ce Tour à 30'38" du Belge. C'est finalement sa meilleure performance dans la Grande Boucle.

Puis c'est la Seconde Guerre mondiale, la vie s'arrête, le Tour aussi. Quand il reprend en 1947, René a 33 ans. Pendant le conflit, il a pu continuer à courir en Espagne où il a gagné des étapes de la Vuelta, et en France où il est devenu champion de la zone non occupée. En 1946, il a terminé second de Monaco-Paris... derrière son protégé Apo Lazaridès, en gagnant une étape. Apo ? Il lui a mené la vie dure pour en faire un champion... Je les laisse me, ou se, raconter *:*

« Apo : – On partait s'entraîner à cinq ou six heures du matin, j'avais du mal à me réveiller, et il ne fallait rien emporter dans les poches...

René : – Dormir c'est mourir un peu, manger c'est s'empoisonner !

Apo : – Vers neuf heures j'avais faim et il me disait...

René : – Pédale !

Apo : – Une heure plus tard, je ne tenais plus, M'sieur René, il y a un village là-bas on va prendre un sandwich, j'ai vraiment faim. Eh bien il s'est arrêté, il a cueilli une poignée d'herbe... qu'il m'a mise dans la bouche ! mais je ne suis quand même pas un lapin ! »

Tour de France 1947. Henri Desgrange est mort en 1940, le Tour repart, toujours sous la direction de Jacques Goddet, organisé par *L'Équipe* et *Le Parisien Libéré.* Dès la deuxième étape, Vietto frappe un grand coup en gagnant à Bruxelles et en endossant le maillot jaune. Il se fera déboulonner par l'Italien Ronconi à Grenoble, mais reprendra son maillot deux jours plus tard, en remportant l'étape Briançon-Digne par les cols d'Izoard et de Vars. La France a retrouvé son héros ! Il pense enfin qu'il va gagner ce Tour de France dont la guerre l'a privé. Mais il reste un écueil à éviter. Une étape contre-la-montre de 139 kilomètres, 48 heures avant l'arrivée à Paris. L'étape de trop. Il s'effondre. Au micro de Georges Briquet, il annonce qu'il va « rentrer à la maison ». « Vous allez abandonner ? », s'inquiète le radioreporter. Vietto se reprend vite et précise avec majesté : « Un Vietto n'abandonne pas, il se retire ! » Il n'en fera rien finalement, sa fierté l'emporte, il terminera cinquième à Paris. Comme en 1934. Il ne gagnera jamais le Tour de France. Le Roi René ne sera jamais couronné.

Appuyé sur les balustrades du Parc des Princes des larmes, de lourdes larmes d'homme coulent de ses yeux. Mais il l'aime tellement ce Tour de France, qu'il y reviendra encore deux fois, terminant 17e en 1948, et 28e en 1949. Il l'aime tellement, son vélo, qu'après avoir décidé de le raccrocher après son dernier Tour, il remonte dessus deux ans plus tard, à 37 ans, pour disputer Paris-Brest-Paris. Il abandonne au 923e kilomètre. Cette fois, c'est bien fini.

Grimpeur exceptionnel, personnage "pagnolesque" avec sa verve et ses "sorties" légendaires à la Raimu, René Vietto n'a laissé personne indifférent. Il avait même séduit Pablo Picasso qu'il avait connu dans la mouvance du Parti Communiste de Cannes, qui était devenu son ami et qui le recevait chez lui à Vallauris. La séduction n'était pas réciproque :

– René, tiens je t'offre un dessin !

– Je n'en veux pas de tes "trucs bizarres", ma femme ne voudrait même pas les mettre dans sa cuisine...

Il a souvent fait des mauvais choix, Monsieur René Vietto ! Dans sa reconversion aussi, plutôt chaotique.

Mais qu'importe, il est toujours resté fidèle à ses principes, amitié, générosité, fierté.

À leur tour, ce sont ses amis qui ont pleuré quand l'Ange de la Montagne s'est envolé pour une dernière ascension en 1988, à 74 ans. Une stèle l'immortalise dans la montée du col de Braus, au-dessus de Nice. Et l'on peut voir une plaque commémorative à l'endroit où il a donné sa roue à Antonin Magne en 1934, à L'Hospitalet-près-Andorre, au lieu-dit "Le lacet des couleuvres".

Je l'entends encore, "avé l'assent" et le regard noir, me répéter :

« Je ne me suis pas sacrifié, je n'ai fait que mon devoir ! »

Et sur la photo qu'il m'a dédicacée, où on le voit au bord de la route sans vélo regarder tristement Antonin Magne qui enfourche le sien et repart, emportant avec lui tous les rêves d'un gamin de 20 ans, il a laissé parler son cœur, il a écrit cette légende :

« Bravo Tonin... et j'en suis heureux», signé René Vietto.

Chapitre 7

La guerre des "campionissimi"

On a peine à imaginer aujourd'hui la folie qui s'est emparée de l'Italie coupée en deux pendant près de quinze ans entre les partisans de Gino Bartali le catholique et ceux de Fausto Coppi le divorcé. La rivalité entre Anquetil et Poulidor ressemble, à côté de ce phénomène, à une petite querelle de clochers ! Le Parti mussolinien et le Parti Communiste, l'Église italienne et même le Vatican, les journalistes de tout poil, les écrivains, le peuple tout entier se sont engagés dans cette gigantesque affaire nationale qui a dépassé de loin la seule dimension sportive.

Dans les courses, il fallait voir les *tifosi* balayer la route avec leurs mains avant le passage de Fausto, ou ceux qui s'agenouillaient à l'arrivée de Gino ! L'affrontement des deux *campionissimi* atteignait son paroxysme sur les routes du Giro, mais aussi sur celles du Tour de France dont tous les deux restent à jamais des héros légendaires.

Acte 1 : Viva Bartali !

Quand Gino Bartali se présente au départ du Tour de

France 1937, deux choses frappent le public français : son palmarès et... son visage ! Ce coureur d'à peine 23 ans compte déjà deux victoires dans le Tour d'Italie avec huit succès d'étapes et à chaque fois le titre de meilleur grimpeur, deux titres de Champion d'Italie, un Tour de Lombardie, un Tour du Pays Basque et plusieurs semi-classiques italiennes. Quant à son faciès... Une chute de vélo, trois ans auparavant, lui a valu une journée entière de coma et l'opération d'une fracture du nez. Il présente un visage de boxeur qui tranche avec son caractère aimable et pacifique.

Le jeune Florentin a pourtant renoncé à participer à la Grande Boucle sur le conseil de ses médecins, qui estiment le cumul de deux grands tours dangereux pour sa santé. Mais le journal de Mussolini *Popolo d'Italia* lance une violente campagne contre lui, l'accusant de trahir le pays. Le président du Comité olympique italien, Achille Starace lui envoie un télégramme le sommant de courir le Tour sous peine de suppression de sa licence de coureur.

Gino est bien forcé de jouer le jeu. Il confirme ses qualités de grimpeur dans le Ballon d'Alsace, et s'empare du maillot jaune après l'étape du Galibier. À ce moment, les suiveurs sont unanimes, on ne voit pas qui pourrait contester sa supériorité. Mais le lendemain, tout est remis en question. En traversant un pont de bois, ses équipiers Rossi et Camusso brisent le parapet et tombent dans le torrent du Couleau, en entraînant leur leader avec eux. Bartali est en sang, genou et bras gauches touchés, poitrine douloureuse. Il termine l'étape épuisé, et pédale dans la souffrance. Il sera obligé d'abandonner quatre jours plus tard. Mais rendez-vous est pris pour l'année suivante. Un rendez-vous que Bartali ne veut surtout pas manquer, car, révèlera-t-il des années plus tard, il avait entendu La Madone lui dire, à lui "Gino le pieux" : « Courage, persévère, un jour tu gagneras le Tour de France. »

Le voilà donc au départ du Tour 1938. Dans un premier temps, le pouvoir italien lui a "fortement recommandé" de renoncer au Giro pour se consacrer entièrement au Tour de France, le Régime tient aux victoires prestigieuses aux yeux de l'étranger ! À Paris, l'Italie vient de gagner pour la deuxième fois de suite la Coupe du Monde de football, c'est bien, une victoire dans le Tour ce serait encore mieux !

Pour y parvenir, le directeur sportif de la Squadra Azzura, le tout premier *campionissimo* de l'histoire, Costante Girardengo, a réuni autour de Gino onze coureurs, onze *gregarii* (domestiques) entièrement voués à son service. Face à lui, les "vieux" Français, anciens vainqueurs du Tour : Antonin Magne (1931 et 34), Georges Speicher (1933) et André Leducq (1930 et 1932), ainsi que le meilleur grimpeur du Tour 1934, René Vietto. Et les Belges Sylvère Maes (vainqueur en 1936) et Vervaecke.

Le Florentin laisse l'Allemand Oberbeck, le Luxembourgeois Majerus, puis le Français Leducq et le Belge Vervaecke profiter du maillot jaune et faire travailler leurs équipes pour le défendre. Non sans s'offrir au passage la victoire d'étape à Marseille, devant les sprinteurs patentés du peloton Vervaecke et Leducq. Une juste revanche de la malchance qui l'a frappé quelques jours auparavant dans les Pyrénées : alors qu'il avait lâché ses concurrents dans les cols d'Aubisque, du Tourmalet et d'Aspin, et qu'il filait vers la conquête du maillot jaune, une crevaison, une chute et un bris de dérailleur ont anéanti ses efforts. Mais le 22 juillet dans l'Izoard, son envol est irrésistible. « Sur ce véritable chaos de rocs et de pierrailles jetés dans un paysage de cauchemar », selon la presse, il se défait de tous ses adversaires, et signe à Briançon l’un des plus beaux exploits de sa carrière. Personne n’a pu le suivre, et le maillot jaune est solidement accroché sur ses épaules. Félicien Vervaeke finira à plus de 18 minutes et le jeune mécano de chez Renault, Victor Cosson prendra la 3e place. “Totor” sera ensuite dans les années 1960 l’un des plus célèbres motards du Tour. Ces motards à qui je veux rendre hommage, ils m’ont souvent impressionné autant que les coureurs.

Gino remporte donc ce Tour 1938 en ajoutant le Prix de la montagne. Le Parc des Princes l’acclame sans réserves, en même temps qu’il offre un véritable triomphe aux deux Français qui se sont échappés et gagnent *ex aequo* la dernière étape de leur dernier Tour de France, Antonin Magne et André Leducq.

Après le Tour, Gino rentre en Italie où l’enthousiasme de la foule déchaînée l’empêche de se frayer un chemin sur la route et de conserver son titre de champion d’Italie ! On jette des pétales de roses sur son passage et l’on embrasse la route une fois qu’il a disparu... le voilà définitivement sacré *campionissimo.* Il est l’idole de tout un peuple. Le général Antonelli, président de la Ligue cycliste italienne s’écrie : « Ne touchez pas à cet homme, c’est un dieu ! »

Il continue de collectionner les victoires la saison suivante, Milan-San Remo, Tour de Lombardie et des semi-classiques, tout en terminant deuxième du Giro à cause d’une crevaison qui lui a coûté 3 minutes. Mais de Tour de France, point ! La dernière Grande Boucle d’avant la guerre part le 10 juillet sans les coureurs allemands, italiens et espagnols. On est à quelques semaines de la Seconde Guerre mondiale. L’Italie de Mussolini s’est rapprochée de l’Allemagne d'Hitler, ses représentants ne sont donc pas les bienvenus, et l'Espagne sort à peine de la guerre civile qui vient d'amener au pouvoir le général Franco.

En Italie, dès l'année 1940, un adversaire de taille va émerger face à Gino : Fausto Coppi, de cinq ans son cadet. Au début, Gino continue sur sa lancée et s'adjuge Milan-San Remo et le Tour de Toscane, mais le Giro lui réserve une drôle de surprise : le jeune Coppi, qu'il a demandé lui-même à son employeur Legnano d'enrôler dans sa formation au titre d'équipier, s'émancipe et lui souffle la victoire ! Bartali a beau conquérir un troisième titre de champion d'Italie et remporter un troisième Tour de Lombardie, la menace est claire, il n'est plus seul prophète en son pays. L'opposition des deux hommes restera comme la plus belle et la plus légendaire de toute l'histoire du sport cycliste...

La guerre... les courses sont plus ou moins fréquentes. Après son mariage avec Adriana, célébré par l'archevêque de Florence, le cardinal Della Costa, et une visite au pape Pie XII, Gino va se servir de son prestige de *campionissimo* à des fins qui resteront secrètes et inconnues du public pendant des dizaines d'années. Une révélation tardive qui va stupéfier ses admirateurs et faire de lui, en plus d'un grand champion, un être humain exemplaire.

Le cardinal Della Costa dirige, avec le rabbin de Florence Nathan Cassuto, un réseau clandestin destiné à sauver des juifs du sort que les nazis leur réservent. L'homme d'Église connaît bien "Gino le Pieux", et il lui demande de l'aider dans ses actions de l'ombre. Le champion accepte immédiatement, et organise ses sorties d'entraînement en fonction des impératifs du réseau.

Il accomplit des centaines de kilomètres sur les routes les plus variées, ce qui ne surprennent pas les autorités qui connaissent son visage et savent qu'un champion cycliste doit s'entraîner tous les jours. Gino transporte ainsi des documents divers, épreuves de journaux résistants destinés à des imprimeries clandestines, photos, papiers d'identité contrefaits, etc. Il les roule et les cache dans le creux du guidon ou du cadre de sa bicyclette. Et si des policiers se montrent plus soupçonneux que d'autres, il accepte toujours en souriant d'être fouillé, mais demande poliment qu'on ne touche pas à son vélo : « Vous comprenez, il est réglé exactement pour moi ! », et les uniformes s'effacent pour le laisser passer. Il installera même une famille juive dans la cave de son appartement de Florence le temps d'organiser sa fuite. Il se fera quand même arrêter deux fois, et passera 45 jours en prison avant d'être relâché. Au total, il contribuera à la sauvegarde de quelque 800 Juifs. Mais on le saura seulement dix ans après sa mort, en 2010, quand son fils Andrea le révélera : « Mon père m'avait interdit d'en parler, en me disant : le bien, on le fait, on ne le dit pas ; et certaines médailles s'accrochent à l'âme, pas à la veste. » On reste confondu face à cette étonnante modestie qui peut aussi porter un autre nom : la grandeur d'âme. L'Italie du XXIe siècle apprend le comportement héroïque de son *campionissimo* avec fierté. Et l'État d'Israël décide de décerner à titre posthume à Gino Bartali le titre de Juste parmi les nations, comme l'a été le cardinal Della Costa.

Voilà pourquoi le Tour d'Italie 2018 est parti de Jérusalem, et a rendu hommage à ce preux chevalier cycliste au grand cœur.

Au grand cœur, et au palmarès impressionnant. Après la guerre, Bartali va en effet réussir un exploit peu commun, et toujours inégalé : gagner deux Tours de France à dix ans d'intervalle. Après une troisième victoire dans le Tour d'Italie 1946, il gagne encore deux étapes du Giro suivant et le Grand Prix de la montagne, mais il s'incline finalement devant celui dont l'étoile ne cesse de briller désormais, Fausto Coppi. Ce nouveau rival signe une saison 1947 éblouissante : victoires au Giro, au Tour de Lombardie, au Grand Prix des Nations, titre national sur route et Champion d'Italie et du monde de poursuite. Rien que ça... Et pour tout arranger, Gino cette année-là a terminé deuxième dans le Giro, en Lombardie, au Tour d'Émilie au et au Tour de Romagne... chaque fois derrière Coppi.

Le premier affrontement des deux champions, en 1948, tourne à une course de dupes. Les deux rivaux se neutralisent, et c'est Fiorenzo Magni qui remporte le Giro. On attend évidemment le verdict du Tour de France, juge suprême des valeurs cyclistes ! Mais Fausto n'est pas chaud pour y participer. A-t-il peur de la réaction d'orgueil de "L'Homme de fer", l'autre surnom de Bartali ? "Il Vecchio", le Vieux, a déjà 34 ans mais il affirme qu'il est loin d'être "fini" et il prend le départ du Tour à la tête d'une formation tout à son service, et dirigée par Alfredo Binda.

La démonstration est étincelante. Gino remporte sept étapes... dont la première, pourtant parfaitement plane, entre Paris et Trouville-sur-Mer. Il laisse ensuite le maillot jaune à un jeune homme bien élevé, Louis Bobet. La France entière – à l'exception de la Bretagne partagée entre Bobet et Robic ! – se découvre une nouvelle idole, "Louison". Les Pyrénées réveillent Gino qui gagne à Lourdes et à Toulouse. Cette victoire à Lourdes lui tenait particulièrement à cœur. Après avoir fait jeu égal avec Bobet et Stan Ockers dans le col d'Aubisque, il règle au sprint le vainqueur du Tour

1947, Jean Robic et Louison Bobet. "Gino-le-pieux" dépose la gerbe du vainqueur dans la grotte où la Vierge apparut à sainte Bernadette...

À Cannes, Louison Bobet gagne l'étape et consolide son maillot jaune, malgré une terrible furonculose qui laissait entrevoir son abandon la veille encore, Bartali se trouve à plus de 21 minutes au classement général. Il reste encore les Alpes à franchir mais le *campionissimo* n'y croit plus guère. D'ailleurs plusieurs journalistes italiens ont quitté la course. C'est alors que la politique va intervenir et bousculer le cours des choses.

Nous sommes le 14 juillet, fête nationale française et journée de repos sur le Tour, mais pas en Italie où le pays est en effervescence : le leader du Parti Communiste Palmiro Togliatti, vient d'être victime d'un attentat. Il est grièvement blessé. Les manifestants chrétiens-démocrates et socialo-communistes s'affrontent dans la rue, on déplore plus de 200 blessés mais surtout, hélas, 20 morts. On est au bord de la guerre civile. Le premier ministre Alcide De Gasperi appelle Gino au téléphone. Les deux hommes se connaissent, ils ont œuvré ensemble dans l'Action catholique. « Gagne le Tour, Gino, c'est la seule chose qui peut encore nous sauver. » Cette stupéfiante requête pourrait sembler incongrue, folle, irréaliste. Pas en Italie où le tempérament latin s'enflamme à la moindre étincelle. Et c'est à Bartali qu'on demande d'allumer le feu ! Ou d'éteindre l'incendie !

Dès le lendemain, Gino attaque dans l'Izoard où Bobet casse son pédalier et perd un temps précieux. Il gagne en solitaire à Briançon avec 6 minutes d'avance sur Brick Schotte et beaucoup plus sur tous les autres. Le soir, il est deuxième au classement général à seulement 1 minute et 6 secondes de Bobet. Il remet ça le lendemain dans une étape de légende que Raphaël Géminiani résume ainsi : « Le Galibier au milieu d'une tourmente de neige, la Croix-de-Fer dans la gadoue, le col de Porte en plein brouillard et la Chartreuse (le Cucheron et le Granier) sous la neige. » Étape d'apocalypse où Bartali se montre intraitable. Plusieurs fois Bobet a attaqué, l'a devancé, Gino est revenu, puis s'est fait lâcher. Il a crevé. Bobet pense en profiter, mais Bartali revient encore et va finalement s'envoler dans la montée de Porte. À l'arrivée, transi, il a pris 6 minutes à Stan Ockers, et 7 à Bobet. Le voilà maillot jaune avec la rente quotidienne de 10 000 francs des laines Sofil qui offrent aussi 600 000 francs au vainqueur du Tour !

"Le vieux" a retrouvé les jambes de sa jeunesse. Il gagne sa troisième étape de suite, à Lausanne, après la journée de repos, le jour de son anniversaire et il va encore s'en offrir une, la septième, à Liège. À 34 ans, il réalise un exploit que personne n'a jamais pu rééditer : gagner le Tour de France à dix ans d'intervalle ! Imaginons ce qu'aurait pu être son palmarès si la guerre n'avait pas eu lieu... Le "dernier des Flandriens" Brick Schotte termine deuxième à 26'16" c'est le plus grand écart enregistré depuis la reprise du Tour en 1947, juste derrière le record de... Coppi qui a mis 28'17" à Stan Ockers, en 1952.

Gino est reçu par le pape et va devenir le "sauveur de la patrie". En Italie, les manifestations politiques virent aux cortèges de jubilation et l'on entend crier son nom dans toutes les rues. « Au Parlement, racontera Giulio Andreotti, ancien chef du gouvernement italien, au fils de Gino Bartali, Andrea, dès que parvint la nouvelle que votre père avait pris le maillot jaune, toutes les querelles cessèrent et tous les députés, centre, droite et gauche, se levèrent et applaudirent longuement. » La vie avait repris un cours normal... tagliatelle, prosciutto, chianti... *Viva l'Italia!*

Acte 2: Arriva Coppi

Le 15 septembre 1919, dans une humble ferme de Castellania, dans le Piémont, vient au monde Fausto, le quatrième enfant de la famille Coppi. Dans son adolescence, quand il aidera ses parents aux durs travaux des champs, il regardera parfois au loin, la chaîne des Alpes qui fera sa gloire quelques années plus tard. Mais pour l'instant, il se contente d'être le commis et de livrer les produits du charcutier de Novi Ligure, à une vingtaine de kilomètres de là. Il n'a que 14 ans, mais il faut bien gagner sa vie, et il se rend à son travail tous les jours à vélo. Le terme "vélo" est un bien grand mot quand on regarde la méchante bécane dénichée par son frère Livio, et qu'il enfourche chaque jour, trop grande pour lui, et brinquebalant de partout. Il lui arrive de se mêler à une course locale et pour faire taire les moqueurs il place de foudroyants démarrages dans toutes les côtes ! La presse locale s'en fait bientôt l'écho. Si bien qu'en 1935, un de ses oncles, officier dans la marine marchande, lui offrira un vrai vélo de course.

Puis son destin va basculer avec une rencontre. À Novi Ligure où Fausto est désormais licencié en catégorie "indépendant", il fait la connaissance d'un étrange personnage. Ancien cycliste et ancien boxeur, Biagio Cavanna s'occupe des jeunes coureurs de l'endroit. Cet aveugle est un extraordinaire... "voyant". Il devine tout de suite en Fausto un être exceptionnel, fait pour le vélo. Ses mains ont découvert sa morphologie particulière – avec ses jambes interminables – et il a aussi décelé une certaine fragilité de l'estomac. Il va donc ordonner à son protégé un régime draconien, et une hygiène de vie quasi monacale, avec une alimentation surveillée, des horaires précis aussi bien pour l'entraînement que pour les repas, du sommeil réparateur à heures fixes, etc. Dans ce petit bourg ligurien, en réalité, se joue une phase décisive de l'histoire même du cyclisme. Cavanna n'est pas un "mage", même s'il exercera toujours un profond empire sur la personnalité de Coppi, mais bien l'inventeur d'une manière moderne de pratiquer ce sport. Plus tard, Louison Bobet, grand ami de Fausto, s'inspirera de ces méthodes qu'il appliquera avec la complicité de son soigneur et ami Raymond Le Bert. Jacques Anquetil lui-même au début de sa carrière profitera d'un Trophée Baracchi pour aller rendre visite à Fausto, qui lui prodiguera ces mêmes conseils... « bien trop durs à suivre », conclura le Normand.

Quand il le jugera prêt à se mesurer aux professionnels, Cavanna inscrira Fausto au Tour du Piémont 1939. Le jeune prodige accompagnera longtemps le futur vainqueur Gino Bartali et seul un bris de chaîne mettra fin à son échappée ! Le vainqueur du Tour de France 1938 le fait aussitôt signer dans son équipe Legnano... le destin de Fausto est en marche.

Dès 1940, il gagne son premier Giro, son leader Bartali ayant été accablé par la malchance. Les années de guerre voient évidemment l'activité sportive diminuer et le Tour d'Italie, notamment n'est plus organisé de 1941 à 1945. Mais Fausto Coppi va profiter de cette période pour signer un exploit qui va frapper l'imagination des foules : le 7 novembre 1942, sur la piste du Vigorelli, de Milan, il bat le record du monde de l'heure (45,848 km) que détenait le Français Maurice Archambaud depuis 1937. Il ne le bat que de 31 mètres, mais à seulement 23 ans. Et l'on regrette qu'il n'ait pas remis l'ouvrage sur le métier plus tard, il aurait probablement amélioré la performance... et Jacques Anquetil (46,159 km) aurait eu plus de mal, en juin 1956, à l'effacer !

À la reprise, en 1946, les deux grandes vedettes du cyclisme italien vont véritablement entamer leur duel. Bartali remporte le Giro devant Coppi, et le résultat sera inversé l'année suivante. En 1948, ensuite, on l'a vu, c'est Gino Bartali qui va remporter son deuxième Tour de France, dix ans après son premier.

Quand Fausto débarque enfin sur la route du Tour, en 1949, il est considéré comme le meilleur cycliste du monde (c'est-à-dire, à l'époque, européen) avec Gino Bartali. Il a comblé une grande partie de son retard de victoires sur "Il Vecchio" avec trois Milan-San Remo, deux Tours d'Italie, trois Tours de Lombardie, deux Grands Prix des Nations, des quantités de semi-classiques italiennes, deux titres de champion du monde de poursuite, etc. Il lui reste quand même à remporter la course sans laquelle on n'entre pas dans la légende, le Tour de France ! Pour y parvenir, Fausto ne va pas choisir la facilité. Il va tenter d'emblée l'exploit inédit : réussir le doublé Tour d'Italie-Tour de France la même année.

Il gagne d'abord son Giro dans la grande étape des Dolomites, en reléguant Bartali à plus de 7 minutes. Quelques jours plus tard, il s'échappe seul dans le col de la Madeleine, mène à bien une chevauchée solitaire de 190 kilomètres, et arrive avec 12 minutes d'avance, cette fois, sur son grand rival. C'est l'un des plus beaux "faits d'armes" de toute sa carrière. Une carrière de 20 ans au cours de laquelle il a mené à bien 53 échappées !

Le voici donc, ce 30 juin 1949, au départ du Tour. Cela n'a pas été sans mal. Coppi désirait une équipe nationale pour lui tout seul. Bartali ne voulait rien entendre. Le dialogue de sourds a failli tout compromettre, jusqu'à ce que le sélectionneur Alfredo Binda réussisse à leur faire signer "l'accord de Chiavari" définissant les droits et devoirs de chacun. Pour faciliter les choses, on met le troisième larron, Fiorenzo Magni – vainqueur du Giro 1948 et premier Italien à gagner le Tour des Flandres – à la tête de l'autre équipe Italienne, celle des "cadetti".

On va assister à un spectacle de toute beauté. En fait, les deux Italiens vont littéralement écraser ce Tour de France mais avec tellement de panache qu'ils deviendront les idoles du public français, sans retenue et sans arrière-pensée.

Il s'en est pourtant fallu de peu que l'on soit privé du spectacle. Au cours de la cinquième étape Rouen-Saint-Malo, Coppi a en effet été déséquilibré quand le maillot jaune français Jacques Marinelli l'a entraîné dans sa chute en voulant attraper une canette au vol. « Je crois plutôt qu'il s'agissait d'une cruche, me dit Jacques qui à 93 ans vient de jouer au golf, et c'est le spectateur qui nous a fait tomber. Mais Fausto n'a rien dit, il n'a rien reproché à personne. Il était comme cela, simple, modeste, pas bavard. Pas comme Bartali qui lui parlait beaucoup, était très malin. » "La Perruche" (Marinelli) repart mais le vélo de Coppi est inutilisable, fourche et roue cassées. Il doit patienter 7 minutes pour voir arriver enfin son vélo de rechange. Toute son équipe l'attend, y compris Bartali qui a joué très honnêtement le jeu. Mais la poursuite se passe mal, il arrive à Saint-Malo avec plus de 18 minutes de retard et pointe au classement général à près de 37 minutes de Marinelli.

Coppi a roulé sans grande conviction, moral défait, quand il est remonté à vélo. Ce qui a incité Bartali à repartir de l'avant au bout d'un moment, pour ne pas hypothéquer les chances de l'équipe. Il a perdu à l'arrivée 13 minutes de moins que son coéquipier et néanmoins rival. Ironie du sort, le premier Italien au classement général n'est autre que Fiorenzo Magni, "le colosse de Monza" qui vient de conquérir au printemps le nouveau surnom de "Lion des Flandres", et qui court dans l'autre équipe italienne ! Il est deuxième à un quart d'heure du maillot jaune et Bartali neuvième à plus de 23 minutes. Coppi veut abandonner. La bonne place de Magni n'est pas faite pour lui redonner confiance. Fiorenzo Magni a gagné le Giro l'année précédente en organisant littéralement les poussettes de ses supporteurs dans les cols pour sauver son maillot rose de leader. Outré, Fausto, pourtant vainqueur impérial des deux étapes des Dolomites, avait quitté la course en signe de protestation ! Que va donc réserver la nuit malouine ?

Elle va porter conseil, heureusement ! Le lendemain, Fausto repart dans de meilleures dispositions d'esprit et trois jours plus tard, entre Les Sables-d'Olonne et La Rochelle, sur les 92 kilomètres du contre-la-montre, il refait une partie de son retard en remportant l'étape devant le Suisse Kübler et le Belge Van Steenbergen.

Mais on sonne à nouveau l'alarme le 10 juillet à Pau. Une échappée de 180 kilomètres a rassemblé les Français Fachleitner et Bernard Gauthier, le Belge Raymond Impanis… et l'inévitable Fiorenzo Magni qui gagne l'étape et endosse le maillot jaune. L'équipe de France vole en éclats. Bernard Gauthier, Camille Danguillaume et Maurice Diot arrivent hors délais, ils sont éliminés. Guy Lapébie et Louison Bobet qui souffre trop de sa blessure à l'aine, ont abandonné. Quant à Géminiani qui a essayé de protéger Vietto à la dérive, il n'est plus dangereux au classement général. Pour la Squadra Azzura, le mal est fait, le mieux placé, Bartali, est dixième à plus de 22 minutes... Mais les minutes d'alors sont des secondes d'aujourd'hui ! Coppi, en freinant pour ménager Bartali, va reprendre 57' à Marinelli dans les seules quatre étapes de montagne des Pyrénées et des Alpes !

Il va pourtant falloir patienter pour revivre tout cela car la grande étape pyrénéenne avec les quatre grands classiques, Aubisque, Tourmalet, Aspin et Peyresourde, ne change pas grand-chose. Coppi a bien attaqué dès les premières pentes de l'Aubisque, seuls Robic et les frères Lazaridès, Apo et Lucien, peuvent le suivre, Bartali, distancé, montre ses limites, mais des crevaisons et incidents divers (Apo renversé par la voiture de *Miroir-Sprint* dans la montée de Peyresourde) font que les écarts ne sont pas très importants à Luchon où Robic bat Lucien Lazaridès au sprint. Coppi arrive 57 secondes plus tard, et Bartali perd sur lui près de 4 minutes.

Fiorenzo Magni a sauvé son maillot jaune et va passer des jours à peu près tranquilles jusqu'aux Alpes. À Pau, les deux frères ennemis italiens avaient prévu d'attaquer ensemble l'étape des quatre cols. Ils n'ont pas pu mettre leur plan à exécution. Cette fois, sur la route de Briançon, le festival va commencer !

C'est le Suisse Ferdi Kübler qui met le feu aux poudres et passe au sommet de Vars 4 minutes avant les favoris. Mais il crève deux fois, avant de s'écrouler dans l'ascension de l'Izoard. Dans ce col mythique et terrifiant, avec la "casse déserte" et ses immenses monolithes aux visages de géants que le dessinateur Pellos a si bien représentés dans les *Miroir-Sprint* sépias des années 1950, les deux *campionissimi* vont donner un curieux récital, admirable mais aussi pacifique ! Ils sont seuls au monde. Kübler est lâché, Ockers, Apo Lazaridès et Robic ont cafouillé dans la descente de Vars, et surtout Magni n'est pas à son affaire. On attendait une farouche empoignade... mais les deux hommes conjuguent simplement leurs efforts pour distancer leurs adversaires. C'est Coppi qui empoche la bonification au sommet, et, quand Bartali crève dans la descente, Coppi l'attend. Incroyable ! On aura l'explication à l'arrivée, quand Fausto laissera manifestement la victoire à son grand rival : aujourd'hui, "Il Vecchio" fête ses 35 ans, et cette étape est son cadeau d'anniversaire. On ne peut imaginer plus grand seigneur que Fausto. Son attitude contribuera évidemment à sa légende. Et si Anquetil avait attendu Poulidor sur la route de Toulouse en 1964... Mais je m'égare...

Comble de joie pour Bartali : il endosse le maillot jaune ! Mais les écarts se sont énormément resserrés. Les quatre premiers sont en moins d'une minute et demie. Coppi deuxième à 1'22", Marinelli troisième à 1'24" et Magni quatrième à 1'28". Fausto ne va pas tarder à frapper. Mais avec la complicité du destin.

Le lendemain de cette étape à sensation, le peloton doit "avaler" quatre nouveaux "monstres" : Montgenèvre, Mont-Cenis, Iseran et Petit-Saint-Bernard. Un petit groupe d'hommes forts va passer les premiers cols sans déclencher de véritables hostilités. Les deux Italiens s'excitent seulement dans l'ascension du Petit-Saint-Bernard où ils se débarrassent de leurs derniers accompagnateurs, les petits Français (par la taille) Jean Robic, Jacques Marinelli et Apo Lazaridès. Mais dans la descente, Bartali crève. Puis il tombe. Le voilà désormais à 3 minutes derrière Coppi... qui demande à Binda ce qu'il doit faire, attendre Gino ou continuer sa route ? Le directeur sportif n'hésite pas, la victoire d'abord, et il donne à son coureur l'ordre de rouler. Coppi fonce alors vers Aoste – en Italie ! – et gagne l'étape en solitaire sous les acclamations de ses compatriotes. Il devance Bartali de près de 5 minutes et Robic – malmené par les *tifosi* – de plus de 10. Et voilà qu'il endosse un maillot jaune qu'il ne quittera plus !

Super Fausto accentue encore son avance dans l'étape contre-la-montre Colmar-Nancy (137 kilomètres d'effort solitaire après 4.331 km de course !), en repoussant Bartali à plus de 7 minutes. Et le dimanche 24 juillet 1949 au Parc des Princes à Paris, Fausto Coppi devient le premier coureur de l'histoire à remporter la même année les Tours de France et d'Italie.

Fausto Coppi, à 33 ans, remportera un deuxième Tour en 1952. L'affaire ne se présentait pas sous les meilleurs auspices, la cohabitation Coppi, Bartali et Magni dans la même équipe posant encore et toujours des problèmes d'égo. Mais "Il Vecchio" sait qu'à 38 ans, il ne peut pas remporter une telle épreuve, et il finit par signer un pacte de non-agression pour les trois semaines du Tour. Coppi domine la course de bout en bout, il gagne cinq étapes, avec en particulier la première et légendaire arrivée au sommet de l'Alpe d'Huez, où il endosse le maillot jaune. Souvenez-vous de son allure impériale quand il rejoint et passe un Robic à bout de forces qui zigzague et grimace sur la route. Il triomphera encore au Puy-de-Dôme et remportera d'ailleurs les trois arrivées au sommet inscrites au programme, les premières du genre dans l'histoire du Tour de France. Son suivant à Paris, le Belge Stan Ockers, sera relégué je vous l'ai dit à 28'17", un record.

L'année suivante, il gagnera encore le Giro et sera sacré champion du monde sur route à Lugano, puis, après un nouveau Tour de Lombardie et un dernier titre de Champion d'Italie, il déclinera doucement, sans accepter sa décadence. Il a couru trois ou quatre saisons de trop. Pas pour moi car j'ai pu ainsi le voir au Vél' d'Hiv' faire ses adieux au public parisien. L'homme était si attachant, il avait plané si haut, son aura avait été si brillante, et son palmarès était si exceptionnel (deux Tours de France, six Tours d'Italie, trois Milan-San Remo, un Paris-Roubaix, cinq Tours de Lombardie, deux Grands Prix des Nations, et une Flèche Wallonne, sans compter son titre de champion du monde 1954, ses innombrables victoires dans les semi-classiques, en poursuite sur piste et dans les Six Jours...) que personne ne lui en a voulu... et que tout le monde l'a pleuré quand il s'est échappé pour la dernière fois, en décembre 1959, en Haute-Volta, aujourd'hui Burkina Faso, où son vieil ami Géminiani l'avait invité à venir disputer un critérium.

Sous la chaleur africaine, et devant des milliers de fans tout heureux de voir de près les champions, il termine deuxième de cette course-exhibition de 70 kilomètres, enlevée au sprint à Ouagadougou par Jacques Anquetil. Les jours suivants, Fausto découvre la brousse, la chasse, avec ses compagnons Géminiani, Anglade, Hassenforder, Rivière et Anquetil. De retour en Europe, il se sent mal, il a de la fièvre. Géminiani aussi. C'est la malaria. Le diagnostic est tardif en France, mais suffisant pour sauver "Gem". Dès qu'elle sait de quoi il retourne, la famille de Raphaël appelle les médecins qui soignent Fausto en Italie. Ceux-ci ne veulent rien entendre et réfutent l'hypothèse de la malaria. C'est elle, pourtant, qui emportera le *campionissimo,* le 2 janvier 1960. Il avait 40 ans.

1906, le départ du Tour est donné Avenue de Villiers à Neuilly-sur-Seine, auprès du vélodrome Buffalo. C'était cela l'ambiance du départ des premiers Tours de France !

1924, les frères Henri et Francis Pélissier et leur coéquipier Maurice Ville viennent d'abandonner. Au Café de la Gare de Coutances, ils se confient au journaliste Albert Londres (assis à gauche, chapeau sur la tête), donnant naissance à la légende des « forçats de la route ».

1930, L'Equipe de France qui a « sauvé » le maillot jaune de Leducq à Évian. Marcel Bidot, les frères Pierre et Antonin Magne, André Leducq et Charles Pélissier.

1934, René Vietto à 20 ans pleure ses espoirs perdus sur un muret des Pyrénées « Le Roi René » a passé sa roue à son leader Antonin Magne qui a chuté dans la descente de Puymorens dans les Pyrénées.
Son « sacrifice » va bouleverser la France et en faire le héros du Tour. *« Non je ne me suis pas sacrifié, je n'ai fait que mon devoir ! »* dira t-il.

1955, Louison Bobet est le premier coureur à gagner le Tour trois fois d'affilée. Ici avec le maillot jaune, et sur les manches les liserés arc-en-ciel rappelant qu'il est le champion du monde en exercice.

Hugo Koblet, « le pédaleur de charme » en maillot jaune du Tour 1951.
Au second plan, Abdel-Kader Zaaf, « héros du Tour » 1950 malgré lui.

Le coude-à-coude le plus impressionnant de toute l'histoire du Tour de France, entre Jacques Anquetil et Raymond Poulidor, dans le Puy-de-Dôme en 1964. Leur duel passionnera la France pendant plusieurs années.

La Belgique attendait ce succès depuis 30 ans. Eddy Merckx, à 24 ans, remporte son premier Tour de France en 1969. Et en vrai Cannibale, il gagne aussi aux points, en montagne, et par équipes avec en plus 6 victoires d'étapes.

Le lionceau Bernard Thévenet, facile, met fin au règne du Cannibale grimaçant, Eddy Merckx dans le Tour 1975.

Rarement coureur a dominé autant le Tour que Laurent Fignon en 1984, même Bernard Hinault le reconnaît !

CRÉDIT PHOTOS : Pressesports sauf page 3 haut.

3. L'Italie déchirée !

Coppi avait régné comme nul autre sur le cyclisme international. Aigle inaccessible en montagne, rouleur incomparable contre-la-montre, empereur de l'échappée solitaire, roi de la piste, Fausto Coppi laisse une empreinte indélébile dans l'histoire du cyclisme. Le directeur du Tour et de *L'Équipe* Jacques Goddet, le tenait pour le plus grand champion de l'histoire, en dépit de l'impressionnant palmarès d'Eddy Merckx. Il faut dire que les témoins de son époque gardent tous le souvenir émerveillé de cet homme hiératique, au coup de pédale magique et aérien. Les surnoms, souvent, font ressortir les personnalités. Pour Coppi, "Le Héron" s'appliquait à merveille. Il volait et fondait sur les courses – ses proies – quand il le décidait. Il ressemblait au grand échassier, court en buste et des jambes interminables, qui faisaient tourner les pédales dans la plus parfaite harmonie. Tout le contraire de Gino Bartali, sorte de bouledogue ramassé sur lui-même, et qui en montagne par exemple, avançait par coups de boutoir successifs, dix coups de pédales et un temps de repos, et ne concevait le cyclisme qu'à travers un affrontement permanent avec les autres et lui-même : « Chaque fois que l'idée me vint d'abandonner, confiera un jour Bartali, je songeai à la dure vie des paysans et je repartais de plus belle. » Bartali s'est toujours obstiné à courir "à l'ancienne", à la dure, à la force du courage et du jarret, Coppi lui n'a eu de cesse d'améliorer la préparation physique et mentale, la réflexion, le matériel, l'alimentation, bref, il a été à l'origine du cyclisme moderne.

Leur rivalité a attiré les plus grandes plumes de la péninsule, de Dino Buzzati (l'auteur du *Désert des Tartares*) qui a suivi le Giro 1949 pour le *Corriere della Sera*, à Curzio Malaparte (directeur de *La Stampa* et auteur de *Kaputt*). Le premier a réuni ses chroniques dans un livre intitulé *Sur le Giro 1949*, et le second a publié en français et en italien *Les Deux visages de l'Italie, Coppi et Bartali.* Malaparte y a résumé d'une phrase lapidaire tout l'abîme qui séparait les deux *campionissimi*: « Dans le corps de Bartali coule du sang, dans celui de Coppi coule de l'essence. » Bartali a fait comme Poulidor. Il aimait soigner sa popularité et il a suivi longtemps le Giro pour rester au contact de la foule, de ses supporters, pour signer des autographes. Et il faut aller au-delà de la geste sportive pour saisir à quel point la rivalité Coppi-Bartali a coupé l'Italie en deux. C'est dans la société italienne qu'on trouvera les symboles de leur opposition avec la dichotomie chère à Giovannino Guareschi et son petit monde de Don Camillo, l'opposition entre communistes et chrétiens. Gino Bartali "le Pieux" incarnait les vertus prônées par l'Église, comme la fidélité conjugale... que battit en brèche Fausto Coppi en divorçant pour les beaux yeux de la fameuse "Dame blanche".

Mais Gino le chrétien et Fausto le libre penseur se retrouveront, heureusement, avant la mort de Coppi. Tout comme Anquetil et Poulidor ont su s'apprécier une fois leur vélo raccroché. Peut-être parce qu'ils avaient perdu tous les deux en course un frère qui leur était cher, Giulio Bartali en 1936 et Serse Coppi en 1951, ce qui pouvait créer entre eux un lien indicible et secret ? Plus sûrement parce que les hauteurs que fréquentent les hommes d'exception finissent par les rapprocher et les réunir dans l'estime et la compréhension mutuelles, loin des tracas et des petitesses du quotidien... Sur les hauteurs du Galibier et de l'Izoard, ils étaient bien, ensemble, loin au-dessus des autres, Bartali et Coppi... Et je suis sûr que Gino a dû intercéder, là-haut, pour que Fausto soit pardonné et partage son éternité.

Chapitre 8

Biquet Trompe-la-mort les a tous mystifiés !

Il mesurait 1, 58 mètre et pesait moins de 60 kilos quand il était en forme. Et pourtant, Jean Robic roulait, grimpait, sprintait comme les meilleurs et n'avait peur de personne. C'était d'abord un caractère. Une trempe hors du commun, une sorte de chevalier toujours en croisade. Il s'accrochait comme une teigne à ses objectifs. Jamais il ne s'avoua vaincu. Toujours il batailla, provoqua, et connut plus de défaites que de triomphes : mais son tempérament de feu en fit le chouchou des Français pendant toute sa carrière. Les deux Robic furent également populaires : car il y eut deux Robic, celui de 1947 et celui des années suivantes. Voici comment naquit le premier.

1947. La France se relève lentement du drame et des ruines de la Seconde Guerre mondiale, et l'on connaît encore des restrictions de tous ordres, avec les cartes d'alimentation, même pour le pain distribué avec parcimonie. Dans ces conditions, une organisation aussi considérable que celle d'un Tour de France relève de la gageure. Mais le quotidien *L'Équipe*, qui a succédé officiellement au journal *L'Auto*, va s'atteler à la tâche, avec l'appui du président du conseil (équivalent de notre Premier ministre aujourd'hui) Paul Ramadier. Le gouvernement facilite la fourniture de tout ce qu'il peut : vélos, bidons, valises, viande, sucre, vin, voitures, motos, essence, lieux d'hébergement, etc. Le 25 juin, le Tour du renouveau est prêt à partir.

Pas de super favori avant ce Tour de la reprise. Coppi et Bartali sont restés à la maison, et les Italiens présentent une équipe moyenne construite autour d'Aldo Ronconi ; par ailleurs, le jeune Belge Raymond Impanis est prometteur, tandis que le Suisse Ferdi Kübler a ses partisans. Côté français, c'est le choc des générations. Le leader désigné de l'équipe de France est René Vietto, 33 ans, chéri du public depuis son sacrifice pour Antonin Magne en 1934, et qui reste sur une deuxième place acquise dans le dernier Tour d'avant-guerre, en 1939. Aux côtés du glorieux vétéran, des coureurs confirmés comme Teisseire, Idée, Fachleitner ou Louis Caput et un jeune espoir de 22 ans, Louis Bobet. Quant aux équipes régionales, bien malin qui pourrait y puiser un pronostic. Le Tour semble donc très ouvert.

Un homme, pourtant, affiche l'ambition de gagner à Paris, malgré son âge : c'est évidemment Vietto, le "Roi René" si cruellement touché par le destin et par la guerre. Et il le fait savoir d'entrée, ou presque. Car si Kübler frappe le premier en gagnant à Lille, Vietto attaque dès le lendemain, là où on ne l'attend pas, lui, le grimpeur patenté : sur la route de Bruxelles. Il réussit à décramponner les Belges Impanis et Depredomme sur les pavés, et franchit la ligne d'arrivée en solitaire. En deux jours d'une chaleur de fournaise, le Tour s'est déjà bien dessiné, et Vietto a retrouvé "son" maillot jaune. Il va d'abord le garder cinq jours, le perdre et le reprendre.

Entre-temps, un diable de petit bonhomme haut comme trois pommes et curieusement coiffé d'un casque à boudins a fait parler de lui. Un Breton du nom de Jean Robic. C'est un coureur de l'équipe de l'Ouest, qui a conscience qu'il va devoir s'affirmer à la force du jarret, car les "cadors" de son équipe ne voient pas sa présence d'un très bon œil, les Pierre Cogan, André Mahé, Jean-Marie Goasmat et autres Éloi Tassin. L'occasion va se présenter dans la quatrième étape qui mène les coureurs de Luxembourg à Strasbourg. À quarante kilomètres de l'arrivée, se dresse le col de Saverne, modeste, mais qu'il faut quand même "avaler" après 180 km de course et cette chaleur infernale qui accable toujours le Tour et fait des dégâts dans le peloton. Robic attaque dans le col avec Kübler et Maurice Diot. Puis Diot lâche prise et voilà nos deux hommes qui filent vers la victoire d'étape. Le Suisse chute malencontreusement sur des rails de tramway et Robic gagne en solitaire. Il exulte, dédie son succès à Raymonde, qu'il a épousée juste avant le départ et à qui il a promis d'offrir le Tour en cadeau de noces, rien que ça !

Ses déclarations et ses prédictions optimistes, ses affirmations à l'emporte-pièce commencent à ravir les journalistes et à plaire au public. Jean se construit son personnage, avec un mélange subtil de naturel et de calcul. Un jour, il déclarera : « Un Coppi et un Bartali ? J'en ai un dans chaque jambe ! » On n'en est pas encore là en 1947, mais les autres formations commencent à regarder avec méfiance cette équipe de l'Ouest qui a placé deux hommes – Robic et Cogan – aux premières loges du classement général.

Kübler gagne encore à Besançon, et Lucien Teisseire à Grenoble. Cette dernière étape est restée en travers de la gorge du "petit Breton". Il s'est fait piéger par des adversaires importants comme Fachleitner, et Teisseire de l'équipe de France, et par des régionaux comme Bourlon ou Bernard Gauthier. Il est d'autant plus en colère que la veille, Édouard Fachleitner comptait encore la bagatelle de 40 minutes de retard, dues à un arrêt prolongé sous la canicule qu'il ne supportait plus, dans la troisième étape. Et voilà que ce membre de l'équipe de France lui reprenait un quart d'heure ! On allait voir ce qu'on allait voir le lendemain entre Lyon et Grenoble, la première étape dans les Alpes !

Et en effet, on a vu. D'abord "L'Enfant Grec" Apôtre Lazaridès prendre les devants dans le col de la Crouzille, bientôt rejoint par Vietto. Puis Robic se lance à l'assaut. Après une crevaison, il repart de plus belle dans le Granier, le Cucheron et Porte, déclenchant une bagarre épique. Il passe seul en tête les deux derniers cols et plonge sur Grenoble où il signe une fantastique victoire dans cette grande étape alpestre. Son exploit a fait des dégâts : Vietto a perdu son maillot jaune que Ronconi a récupéré, Fachleitner a perdu plus de 4 minutes, et l'équipe de l'Ouest est en embuscade avec Robic qui s'est replacé en quatrième position au classement général, suivi de Cogan, cinquième.

Mais les lendemains ne chanteront pas pour celui que l'on commence à surnommer "Biquet". Les Alpes l'ont sacré hier, elles vont le destituer aujourd'hui : entre Grenoble et Briançon, il va perdre beaucoup de temps sur les meilleurs, malgré un sursaut d'orgueil en fin d'étape. Il rumine sa déception pendant la journée de repos qui suit... et qu'il occupe à rouler tandis que la plupart de ses collègues se reposent. Ce faisant, il a entretenu son organisme dans la continuité de l'effort, et quand le lendemain il se rue à l'attaque, les muscles répondent présent. En fait, c'est Vietto qui déclenche les hostilités. Il démarre au pied du mythique

Izoard, emmenant avec lui les deux seuls coureurs capables de le suivre, Robic et l'Italien d'Annecy Pierre Brambilla, pas encore naturalisé français. Robic, plein d'orgueil, passe le sommet en tête, de même que celui de Vars. Il fait encore une chaleur torride qui sert les ambitions du Breton. Il roule seul en tête mais deux crevaisons le font rejoindre, puis dépasser par Vietto, Ronconi, Lazarides et Brambilla. Alors qu'il tente de revenir, deux nouvelles crevaisons auront raison de son courage. Il va perdre 6 minutes sur "le Roi René" qui a retrouvé ses ailes et signe le doublé étape-maillot jaune. Tout est à recommencer...

Le lendemain, nouveau retard. À Nice, Jean est toujours cinquième, mais il accuse un débit de 23 minutes au classement général. Autant parler d'un handicap insurmontable. Mais le mauvais sort va se heurter à un adversaire coriace en la personne de ce petit Breton têtu ! Le propre des Pyrénées, comme de toute chaîne de montagnes étant d'avoir des cols à franchir, il va donc encore essayer de forcer le destin...

Étape en demi-teinte entre Nice et Marseille, mais qui permet quand même à Robic, s'il perd beaucoup de temps sur Fachleitner, de reprendre plus de 2 minutes à Vietto.

Et voici que se profilent à l'horizon les Pyrénées. Le Berrichon Albert Bourlon va en profiter pour signer un exploit hors du commun, la plus longue échappée solitaire victorieuse dans l'histoire du Tour de France, toujours inégalée : 253 kilomètres en tête ! Cet ancien professionnel d'avant la guerre est un spécialiste de l'échappée dans tous les sens du terme : fait prisonnier pendant la guerre, il a tenté trois fois de s'évader, la quatrième étant la bonne ; et cette "échappée" le conduira ensuite en Roumanie où il remportera en 1944 la plus grande course du pays !

Et derrière Bourlon ? Rien de particulier, sinon un petit détail révélateur de la hargne toujours vivace et du caractère fier de Jean Robic : le petit coureur se paie le luxe de régler le peloton au sprint. La chaleur intense qui continuait d'écraser le Tour avait bien émoussé les ardeurs… sauf la sienne. Un Robic n'est lui-même que dans l'offensive ou dans l'affrontement. C'est sa nature même. Et ce sprint victorieux à Luchon n'est pas innocent, il est un message adressé à ses adversaires : attention, je suis toujours là et la seule place qui m'intéresse reste la première.

Luchon-Pau, l'étape de vérité, avec les grands cols légendaires au menu. Robic annonce la couleur : « Je vais gagner ! » C'est tout lui. Et tant pis s'il exaspère ses adversaires, il ne changera pas, il est intimement persuadé d'être le meilleur, il le sera d'ailleurs jusqu'à la fin de sa carrière, contre vents et marées, et souvent contre l'évidence : c'est ce qui fait son caractère et son charme, c'est ce qui le rend à la fois insupportable et tellement attachant ! Un Robic dans le peloton d'aujourd'hui ne pourrait pas obéir aux ordres ni respecter les consignes, il ne concevait le cyclisme qu'à travers l'attaque et le jusqu'auboutisme… et, il faut le dire, un certain individualisme. Ce jour-là en tout cas, il tient parole. Le "poids plume" s'envole et passe tous les cols en tête, et met en difficulté René Vietto, "épaulé" par son disciple et admirateur Apo Lazarides qui court pourtant pour une autre équipe que la sienne… Ainsi, il a franchi le Tourmalet 12 minutes avant Vietto ! Il gagne l'étape à Pau, et revient à 8 minutes du maillot jaune.

Mais la montagne est passée, et les longs défilés en plaine, déjà, lui succèdent. Personne n'imagine sérieusement que Robic présente un danger quelconque pour la victoire finale. Même ses coéquipiers Cogan, Tassin ou Goasmat ne seront pas exempts de tout reproche à cet égard. Mais ils peuvent bénéficier d'indulgence : sans de nouveaux cols à franchir, comment imaginer que leur petit "Biquet" pourrait inquiéter les favoris de ce Tour de France, bien installés dans leurs situations au classement général, Vietto en jaune, Ronconi à l'affût, Brambilla pas très loin ? Mais la Bretagne ne va pas tarder à inspirer son enfant ! Nous voici le 18 juillet à Vannes, d'où les coureurs vont partir un à un pour rallier Saint-Brieuc dans un contre-la-montre impressionnant : imaginez-vous aujourd'hui un effort solitaire de 139 kilomètres ? Et sur des routes souvent très abîmées ? La veille, jour de repos, Robic ne dérogera pas à ses principes, il roulera à vélo pour être prêt le lendemain tandis que ses coéquipiers sacrifient au tourisme et au farniente. Dans cette grosse étape lourde de conséquences, Robic va perdre quelques secondes insignifiantes sur le rouleur belge Raymond Impanis (42 secondes) et sur l'Italien Ronconi (9 secondes) : pertes dérisoires sur un si long kilométrage, et qui démontre la force de caractère ahurissante de Jean Robic, pourtant nullement taillé physiquement pour ce genre d'exercice. Mais l'information, ce jour-là est ailleurs : elle concerne l'abdication du Roi René. Il a lutté, lutté, avant de s'effondrer et a perdu son maillot jaune. Vietto ne gagnera jamais le Tour.

Robic, en revanche est plus gonflé que jamais. Avant-dernière étape entre Saint-Brieuc la Bretonne et Caen la Normande. Robic attaque, mais son dos a beau être plus étroit que celui de ses adversaires, il porte maintenant une énorme pancarte… et on ne le laisse pas partir. Il reste donc une dernière chance, une seule, de conquérir la toison d'or. Demain entre Caen et Paris. Personne ne peut y croire. À Saint-Brieuc, Pierre Brambilla dit "La Brambille" s'est emparé du maillot jaune, et avec son dauphin Aldo Ronconi, forme un duo italien qui semble indéboulonnable. Les deux hommes se tiennent en 53 secondes. Ils sont équipiers mais Ronconi n'a peut-être pas renoncé définitivement à devancer Brambilla ? Il peut se passer bien des choses en 257 kilomètres. "La Brambille" le sent bien, lui qui est plus français qu'italien... il s'approche de Robic qui tient la troisième place au classement général à 2 minutes et 58 secondes. Il lui propose une alliance pour faire échec aux éventuels appétits de Ronconi. Robic ne promet rien, mais son œil pétille : il a pigé que si le maillot jaune sollicite un appui, c'est qu'il n'est pas sûr de lui, et s'il n'est pas sûr de lui c'est qu'il est vulnérable, et s'il est vulnérable il faut l'attaquer ! Un raisonnement Robic pur jus.

À Rouen, une échappée suit son cours, sans coureur dangereux, on la laisse donc filer tranquillement. Puis au sortir de la ville, se dresse la côte de Bonsecours. Avisant le maillot jaune enfermé au cœur du peloton, Robic décide d'attaquer par surprise. Brambilla réagit avec un bon temps de retard et parvient à rejoindre le Breton. À peine la jonction faite, celui-ci place un nouveau démarrage. Nouveau retour du maillot jaune à quelques longueurs du Français. Mais à ce petit jeu, tous deux sont sur les rotules et le souffle coupé. Surgissent alors trois hommes qui ne veulent pas les laisser filer car ils sont bien placés au classement général : Ronconi, bien sûr, l'autre Italien, et puis le Belge Raymond Impanis, enfin le Français Édouard Fachleitner. Ce dernier prolonge son effort et s'en va seul. Il est dangereux pour le leader. Mais Robic, encore asphyxié par la bagarre, ne bronche pas. Brambilla, en revanche, panique et se lance à la poursuite du "Berger de Manosque" (surnom de Fachleitner). Les autres s'abritent dans son sillage, lui laissant faire tout le travail. Et quand il juge le maillot jaune "à point", Robic, qui s'est refait (un peu) une santé, place un contre imparable. Brambilla est à bout de forces, il voit s'enfuir son adversaire, l'aperçoit rejoindre Fachleitner, et les voit disparaître au loin. Robic a bluffé, bien manœuvré, mais il a aussi fait preuve d'un courage indomptable : « J'étais autant vidé que Brambilla, mais quand j'ai rejoint Fachleitner j'ai pris le relais pour qu'il ne se doute pas de mon état d'épuisement, je n'étais plus qu'un bloc de souffrance, mais résolu à mourir sur le vélo plutôt que de céder. »

L'incroyable vient donc de se réaliser : le maillot jaune en détresse, et Paris qui approche. Il reste 110 kilomètres. Robic est en train de créer le miracle. Ce qui n'est pas du goût de tout le monde. L'équipe de France fait décrocher Lucien Teisseire de l'échappée qui devance le tandem Robic-Fachleitner pour aider ce dernier à décramponner le Breton, renverser la situation et offrir le Tour à l'équipe de France. Il faudrait le "larguer" et lui prendre 4 minutes. Mais c'est beaucoup trop tard. Le coureur de l'Ouest ne l'entend pas de cette oreille, et il n'y a rien à faire. Teisseire se joint donc à eux et multiplie les démarrages. Tactique puérile à laquelle Robic ne se laisse pas prendre : son adversaire, c'est "Fach", et pas Lucien.

Le trio arrive ainsi au Parc des Princes, où le Belge Brick Schotte a gagné en solitaire 7 minutes auparavant. Jean Robic lève le bras : il a gagné le Tour de France ! Fachleitner finit second et se reprochera longtemps de s'être reposé en pleine troisième étape, quand la chaleur l'avait assommé entre Bruxelles et Luxembourg : sans cette erreur, pire, cette faute, il pouvait mathématiquement gagner le Tour... Quant à Pierre Brambilla, pauvre leader déchu, il conserve une belle troisième place mais à 10 minutes du vainqueur, c'est dire la violence du coup porté par ses adversaires dans cette ultime étape.

Jean passe enfin ce maillot jaune qu'il a promis à Raymonde, et c'est revêtu de ce vêtement de lumière qui fait tant rêver, qu'il effectue son tour d'honneur sur la piste rose du Parc des Princes. Dire qu'il aura gagné le Tour de France sans jamais le porter ! Robic devient instantanément le Français le plus populaire, il entre vivant dans la légende des cycles. Dans une France qui garde vivace la vexation de la défaite de 1940 contre "l'ennemi supérieur en force et en nombre", il est celui qui gagne, le petit qui n'a pas peur des gros ! Et puis, il est resté nature, ce Robic qui sent l'atelier, le bistrot et la campagne, bref c'est un vrai produit du terroir. Il est des nôtres, tellement des nôtres quand il se casse la margoulette ! Et c'est vrai qu'il ne compte plus ses chutes, ses accidents, ni ses fractures et ses pansements, ce qui lui vaudra d'ailleurs d'autres surnoms comme "Trompe la mort" ou "Fatalitas". Il restera chéri du public tout au long de sa vie. Bien longtemps après sa victoire dans le Tour, on entendra sur les routes de France et de Navarre les gens crier "Vas-y Robic" au moindre cycliste qui passe…

J'ai bien connu le cher Jean Robic, dont la fin de vie allait être assez difficile, après une carrière riche en exploits et en défaites de toutes sortes. J'étais présent à Germiny-l'Évêque lorsqu'il décida de rentrer à Paris après une course de *gentlemen* suivie d'un dîner un peu trop arrosé. Je ne devais plus le revoir. Cette nuit-là, il s'est sans doute endormi au volant et sa voiture s'est encastrée sous un poids lourd.

Mais à ce souvenir désolant, je préfère de loin vous conter celui de nos retrouvailles pour les besoins de mon émission de télévision *Les Étapes de la gloire*, en 1975. J'avais réuni les protagonistes de cette fameuse dernière étape du Tour de France, près de trente ans après. Ils étaient d'humeur joviale en se retrouvant dans cette côte de Bonsecours qu'ils avaient fait passer à la postérité. Robic avait mis son fameux casque à boudins, et s'était entouré le torse d'un boyau de rechange de même que Brambilla qui, lui, avait revêtu son maillot jaune. Ils gravirent la côte vingt-huit ans après, et ma foi ils avaient encore un bon coup de pédale ! Tout en roulant devant son adversaire, Jean m'expliquait : « J'ai démarré, je lui ai pris cinquante mètres, j'ai regardé derrière moi, quand je l'ai vu à cinq mètres, je me suis relevé, mais il s'est relevé trop tôt... et tac ! je suis reparti ! Je lui avais repris cinquante mètres... Il avait répondu deux fois à mes démarrages... Ça m'avait fait mal, mais à lui encore plus. » Ils expliquent ensuite que Fachleitner les avait ensuite doublés et que Brambilla commit l'erreur de vouloir le suivre alors qu'il aurait dû surveiller Robic, et quand celui-ci démarra une troisième fois, Brambilla ne put répondre et laissa Jean filer vers la victoire. Alors, face à nos caméras, eut lieu cet irrésistible dialogue surgi des temps héroïques du premier Tour de l'après-guerre :

« Robic – Je revêtis... revêtissai le maillot que vous aviez quitté...

Brambilla – Enfin, mon cher Robic, vous fîtes ce que vous pûtes, et vous m'épatâtes ! »

Chapitre 9

La "fausse cuite" d'Abdel-Kader Zaaf

Juillet 1950. La France sirote au soleil le doux nectar des Trente Glorieuses, on commence à oublier les privations de la guerre, et l'on pique-nique au bord des routes sur le passage du Tour de France. On a vite repris l'habitude. Robic a fait retentir *La Marseillaise* en 1947, puis deux Italiens lui ont succédé, les deux *campionissimi* Bartali en 1948 et Coppi en 1949. Le cyclisme est plus populaire que jamais. Et comme avant-guerre, le peloton abrite quelques bonshommes atypiques, des drôles de coureurs comme on en connaissait jadis, qui défraient la chronique et mettent en joie le public et les suiveurs. Parmi eux, le titi parisien Robert Chapatte, dit "Bébert la valise" ou "Chapatte de velours", mon futur confrère à la télévision, jamais en retard d'une bonne histoire, ou Jacques Marinelli, surnommé "La Perruche" depuis son épopée en jaune l'année précédente et qui deviendra un brillant homme d'affaires et un apprécié maire de Melun ...

Et puis, il y a tout un groupe de coureurs bronzés au soleil de l'Afrique du Nord, venus de cette Algérie qui est encore un département français. Chaque année, les champions du continent traversent la Méditerranée pour disputer le

Critérium de *L'Écho d'Oran* ou le Tour d'Algérie. Et les plus grands tiennent à figurer au palmarès du Grand Prix de *l'Écho d'Alger,* comme Speicher, Antonin Magne, Louison Bobet ou André Darrigade. Ces courses sont pour les jeunes maghrébins l'occasion de côtoyer ces coureurs du Tour de France qui les font tant rêver.

Il en est ainsi d'Abdel-Kader Zaaf. Une bonne bouille réjouie, un sourire jamais pris en défaut, une crème de coureur, le puisatier de Chebli qui gagnait tout en Algérie et est passé professionnel en 1948 à 31 ans. Dans la modeste équipe Volta il a remporté la 2e étape du Circuit des Six Provinces, ce qui lui a valu d'être sélectionné pour le Tour de France au sein de l'équipe régionale du Sud-Est. Mais le champion manque d'expérience et le voilà éliminé dès la première étape... Peu importe, les équipes continentales l'ont repéré, et c'est ainsi qu'après avoir été engagé en 1949 par Duralca (vélos suisses), il va passer six saisons sous les couleurs des cycles Terrot, associés aux marques de pneumatiques Wolber en 1950 et 1951, et Hutchinson de 1952 à 1955. En 1950, il remporte coup sur coup deux étapes du Tour d'Afrique du Nord et la bagatelle de cinq étapes au Tour du Maroc ! Mais le meilleur est à venir. Sinon sur le plan sportif, du moins dans le domaine du folklore... et de la légende des cycles !

Abdel-Kader est sélectionné pour le Tour de France, dans l'équipe d'Afrique du Nord, une formation de six coureurs où il côtoie ses compatriotes Kebaili, Molinès et Zelasco, et les Marocains Dos Reis et Charroin. Ce jour-là, le jeudi 27 juillet 1950, une chaleur accablante écrase la route du Tour. Un "cagnard" à décourager toute velléité d'offensive, on roule maillot échancré et feuille de chou humide sous la casquette. Dans les Jeep suiveuses, tout en luttant contre les coups de soleil, on rumine les événements de l'avant-veille, qui ont failli porter un coup mortel au Tour de France. Sur la route de Saint-Gaudens, dans le col d'Aspin, la foule était si "enthousiaste" qu'elle avait fait tomber les deux hommes de tête, Robic et Bartali. Mais si le Breton avait été remis en selle et catapulté vers l'avant, l'Italien avait eu du mal à se libérer, les spectateurs estimaient que c'était lui qui avait fait chuter le petit Biquet. Le *campionissimo* encaissait des insultes, essayait d'éviter les coups, jouait du poing pour se frayer un passage dans la meute enragée en projetant son vélo devant lui. Quand il parvint enfin à l'enfourcher, il se lança dans un raid vengeur et spectaculaire : il gagna l'étape et Magni s'empara du maillot jaune ! Du grand art. Seulement, Bartali avait eu la frayeur de sa vie... et ne voyait pas d'un très bon œil l'avènement de Magni, son grand rival. Alors il a imposé au patron des Italiens, Alfredo Binda, la décision de quitter la course. Malgré les supplications de Jacques Goddet, le directeur du Tour, Bartali est resté inflexible. L'équipe nationale italienne et celle des "cadetti" ne sont pas reparties. Pour éviter des bagarres plus graves sur le sol transalpin, la fin de l'étape du 29 juillet, prévue à San Remo, a été ramenée à Menton.

Depuis deux jours, les esprits se sont calmés, bien sûr, le Suisse Ferdi Kübler a hérité du maillot jaune, mais la caravane du Tour est encore sous le choc et le public est un peu dépité par tout cela, d'autant plus que Bernard Gauthier, qui a porté le maillot jaune pendant sept jours, est à la peine. Aussi, quand ce 27 juillet, entre la gare de Perpignan, le centre du monde selon Dalí, et les arènes de Nîmes, s'échappe un duo de Français d'Afrique du Nord composé d'Abdel-Kader Zaaf et de Marcel Molinès, on n'y prête pas une attention particulière. Un suiveur s'amuse : « Il mouline bien le Molinès ! », un autre plaisante : « Depuis le temps que

Zaaf annonce qu’il va casser la baraque, c’est peut-être pour aujourd’hui ! » Allusion au surnom de “casseur de baraque” dont est affublé Abdel-Kader qui cherche en effet le gros coup et qui, à défaut de le trouver, n’hésite pas à l’annoncer tous les quatre matins ! En tout cas, l’échappée va bon train. Le peloton est surtout occupé à faire face à la canicule, et les fuyards ne sont pas dangereux au classement général. Et les minutes s’ajoutent aux minutes. Quand l’avance des deux hommes dépasse le quart d’heure, à 50 km de l’arrivée, Abdel-Kader juge qu’il est temps de “casser la baraque”, et place un démarrage qui cloue sur place son jeune ami Marcel, de onze ans son cadet, qui commence à ressentir la fatigue. Le voilà qui part seul, ivre de joie à l’idée d’enfin en décrocher une belle, une étape du Tour de France, la plus grande course du monde, rien que ça ! Ivre, oui... mais pas seulement de joie. Car les minutes qui vont suivre vont transformer son rêve en cauchemar.

On court la treizième étape. Est-ce que le chiffre 13 lui porte malheur ? Toujours est-il qu’il va connaître la défaillance la plus monumentale de toute sa carrière. Un drame qui va le faire entrer dans *La Légende du Tour de France*, non pas au chapitre des géants de la route, mais à celui de ses pittoresques personnalités. Que s’est-il passé au juste ? Les versions divergent sur les détails, selon les témoins et les historiens du vélo...

Les faits avérés, qui se sont déroulés sur la commune de Restinclières dans l’Hérault, sont les suivants : alors qu’il roulait seul en tête et pouvait normalement envisager la victoire à Nîmes, 30 km plus loin, Abdel-Kader Zaaf soudain s’est mis à zigzaguer sur la route, et a fini par s’écrouler sur le bas-côté. Des spectateurs se portent à son secours, le remettent en selle, mais il s’écroule de nouveau. On dit qu'il est reparti un moment... en sens contraire de la course, mais les seules images disponibles en provenance de l'INA (Institut national de l'audiovisuel) ne permettent pas de le confirmer, et les témoins, aujourd'hui, se font rares. On voit bien les braves gens le remettre sur son vélo et accompagner ses premiers coups de pédale, mais la Jeep qui s'est arrêtée va dans le même sens que lui, il est donc impossible de savoir s'il a vraiment roulé à contresens de la course ! On a même dit qu'il s'était retrouvé face à face avec la voiture-balai, laquelle roule derrière les derniers de la course... tous détails invérifiables. Mais tellement jolis pour la légende ! En tout cas on le voit bien s'écrouler, les jambes flageolantes, dans un état second et ne plus réagir aux tentatives de soins qu'on lui prodigue à grands coups de journaux en guise d'éventails.

Pourquoi toutes ces dentelles brodées autour de sa spectaculaire défaillance ? Parce que leur point de départ avait tout pour plaire, tout de la bonne blague qu'on aime à se raconter au bistrot et se transmettre de génération en génération. Forcément, une histoire bien "méditerranéenne" ! Car ce jour-là, on l'a dit, la chaleur était telle que les gens arrosaient les coureurs et la caravane sur la route, mais leur tendaient aussi des bouteilles, des gourdes ou des bidons. Or, il se trouve que lorsque le Dr Mathieu, le médecin du Tour, s'est penché sur le pauvre Zaaf effondré au pied du platane où l'avaient gentiment installé les spectateurs, il a eu ce mot : « Mais il pue la vinasse ! ». C'est là que les avis, encore une fois divergent : selon les uns, le coureur avait juste été arrosé par des vignerons qui avaient pique-niqué en attendant la course et n'avaient plus que du vin frais pour tenter de le ranimer. Selon d'autres, Abdel-Kader aurait bu le contenu d'une gourde de coteau-du-languedoc. Or, en bon musulman qu'il était, il n'en buvait jamais, et la tête lui tourna. *In medio stat virtus*, la vérité se situe peut-être entre les deux...

Toute réjouissante que soit la légende, la réalité est peut-être plus prosaïque. En ces temps romantiques du Tour de France, l'épopée l'emportait encore largement sur les calculs d'apothicaires à la mode aujourd'hui. On ignorait l'EPO, les hormones de croissance et les transfusions sanguines, c'était le règne de la "topette" au contenu incertain, c'est-à-dire de l'empirisme et du n'importe quoi. Était-ce mieux ? Allez savoir... Les coureurs, dans l'ensemble, agissaient sans trop de compétence, et Abdel-Kader aurait semble-t-il emprunté des petits comprimés à des coureurs belges. Pas pour se doper, bien sûr, mais pour se donner un petit coup de fouet. Juste assez pour "casser la baraque" ! Des amphétamines, sans doute, puisque le Maxiton et la Simpamina étaient à la mode et en vente libre ! Mais il aurait doublé la dose. Et ces pilules n'auraient pas fait bon ménage avec les efforts, conjugués au soleil, à la chaleur, à la fatigue... et à l'alcool. Cela dit, des années plus tard, Marcel Zélasco, coéquipier de Zaaf sur trois Tours de France (1950, 1951 et 1952) affirmera que lorsqu'il suivait Zaaf en course et que celui-ci s'abreuvait à son bidon, il recevait des éclaboussures de vin rouge, du Sidi-Brahim, précisait-il. Nul ne saura jamais...

Encore que.... écoutez ce que Zaaf racontait un an plus tard dans ses confidences à *Miroir-Sprint*: « À la veille des 85 km contre-la-montre Rennes-Angers, j'ai prévenu mes coéquipiers que Koblet allait faire des dégâts pour les traînards et qu'il allait falloir se cracher dans les mains, mettre à fond le 52 x 14 et prendre ce qu'il fallait parce qu'on ne fait pas une étape comme ça à l'eau de Vittel. Ils m'ont ri au nez et il y en a 4 qui ont été éliminés, mais moi j'étais toujours là. »

Il ajoutait aussi : « Si j'étais un poivrot comme certains

l'ont dit, je serais habitué au vin et ce n'est pas la bouteille qu'on m'a donnée qui m'aurait rendu malade. C'est au contraire parce que je ne bois pas que j'ai eu cette défaillance et je voudrais que cette légende de "Zaaf l'ivrogne" soit une légende pour toujours oubliée ! »

Quant à Marcel Molinès, en ce 27 juillet caniculaire qui s'était terminé sous l'orage, il gagna bel et bien l'étape, avec plus de 4 minutes d'avance. Hélas pour lui, la mésaventure de son compagnon d'échappée allait tellement défrayer la chronique, et inspirer journalistes et chansonniers, que son succès passa inaperçu. Pire encore, en unissant leurs efforts, Ferdi Kübler et Stan Ockers avaient piégé Louison Bobet au cours de cette même étape, et tous les chroniqueurs sportifs avaient consacré leurs articles à cette passe d'armes décisive pour la suite du Tour que le Suisse allait remporter.

C'était pendant les vacances... et j'écoutais les commentaires de Georges Briquet et Alex Virot avec d'autant plus d'intérêt que mon idole le facteur de Vierzon Georges Meunier, futur coppi s'était extirpé du peloton à 60 km de Nîmes et avait, dans son style aérien, élégant et facile, pris la deuxième place de l'étape en laissant une telle impression qu'à la une de *L'Équipe* le lendemain, le jeune journaliste Jacques Augendre titrait sur une exclamation du directeur sportif Sauveur Ducazeaux : « Meunier, un futur Coppi. » Meunier sera la grande révélation de ce Tour 1950 qu'il terminera neuvième.

Singulier jusqu'au bout, Abdel-Kader Zaaf, à peine remis de sa terrible défaillance, va une fois encore sidérer les suiveurs. Le lendemain matin, alors qu'il a fini l'étape "saharienne" de la veille dans l'ambulance, et donc abandonné officiellement la course, il se présente devant les commissaires et formule une demande stupéfiante : « Laissez-moi accomplir les trente kilomètres qui me restaient à faire hier pour pouvoir prendre le départ de l'étape d'aujourd'hui ! » Jacques Goddet a dû en avaler son casque colonial ! L'autorisation lui en a été, bien évidemment, refusée.

Le "Zouave du peloton", comme on le surnomme également, quitte donc le Tour de France. Mais il se remet vite de sa déconvenue et l'on apprend que trois jours après l'étape de Nîmes, il court un critérium en Suisse. Et ce n'est qu'une répétition de ce qui va suivre : car sa "cuite" – vraie ou fausse – l'a rendu populaire. L'heure n'est pas encore à la lutte antialcoolique et les pères mettent souvent du vin dans le verre d'eau de leurs garçons dès l'âge de 9 ou 10 ans sans penser à mal. "Vive le pinard" chantait-on, trente ans auparavant, dans les tranchées. Autres temps, autres mœurs, à l'orée des années 1950, le vin fait partie du décor, la "cuite" est un passage obligé pour devenir adulte, et malgré son prénom qui fleure bon le sable africain, on adopte Abdel-Kader, "il est des nôtres". D'ailleurs ne le voit-on pas poser fièrement auprès d'une bouteille d'apéritif, dans une "réclame" qu'on n'appelle pas encore publicité ? Et les contrats affluent. À l'époque, les revenus des coureurs sont modestes et liés aux résultats, aux primes conquises en course, rarement aux salaires. Exceptés les grands champions du moment, la plupart d'entre eux tirent le diable par la queue. On se fait donc de l'argent grâce à ces critériums du mois d'août, qui se disputent un peu partout en France sur circuit, où les gens viennent admirer les "géants de la route". C'est une ambiance populaire sans chichis, où le public peut parler aux coureurs, les applaudir et les toucher. Et justement, à l'applaudimètre, le nom de Zaaf bat des records ! Son aventure a fait de lui un héros "bien de chez nous".

Il s'en souviendra. L'année suivante, son premier soin est de se mettre en évidence pour entretenir cette popularité bon enfant, et lui valoir encore un maximum de contrats dans les critériums. À nouveau sélectionné pour le Tour dans l'équipe française d'Afrique du Nord, il n'aura de cesse d'attaquer, de placer des mines, de dynamiter la course... de "casser la baraque" ! Sans succès d'étape, certes, mais avec une suractivité de tous les instants. Il démarre dès qu'on annonce une prime à rafler sur le parcours, puis une fois empoché le pactole, se désintéresse de la course, flâne, musarde, pédale d'une jambe, s'arrête embrasser sa femme ou déjeuner dans un pré, repart... « Quand des coureurs me rattrapaient, ils me criaient "Te voilà bien avancé, tu vas te faire larguer maintenant" et moi je leur répondais "je ne suis pas largué je me repose pour mieux recommencer demain !" »

Et il a recommencé dans les Alpes... pour aider "son ami Fausto Coppi" à gagner une étape ! « Coppi était démoralisé dans ce Tour, il venait de perdre son frère Serse, il était loin au classement général. Avant le départ de Gap je suis allé le voir et je lui ai expliqué ma stratégie : les premiers ne vont pas vouloir attaquer avant la montagne, Vars et l'Izoard leur font peur, alors moi sur le plat je pars à droite de la route, je fais semblant de casser la baraque, ils viennent tous dans ma roue et toi pendant ce temps-là tu démarres à gauche, je les amuse et ils ne te voient pas partir. » Coppi a souri, il ne savait pas si Zaaf plaisantait... mais c'est exactement ce qui s'est produit sur la route de Barcelonnette quand la lanterne rouge est allée trouver le *campionissimo* en lui disant « Allez on y va ! » et Fausto a gagné à Briançon !

Bref, Zaaf forge son personnage en laissant libre cours à sa fantaisie naturelle. Il est en effet d'un caractère joyeux et l'on ne s'ennuie pas à ses côtés. À condition, toutefois, de ne pas venir empiéter sur son nouveau territoire, celui qu'il s'est choisi afin de rester le chouchou du public et donc des organisateurs de critériums. Ce territoire, cette chasse gardée, en 1951, c'est la lanterne rouge. La place de dernier du Tour. Zaaf va faire de cette place un symbole de notoriété. Il termine donc ce Tour 1951, soixante-sixième et bon dernier, avec quasiment cinq heures de retard sur le vainqueur Koblet (4 heures et 58 minutes exactement), mais avec plus d'une minute (1'34" exactement) de retard sur le coureur précédent, Manuel Mayen, un Algérois comme lui et membre de sa propre équipe : l'élève avait bien failli priver le maître de sa lanterne ! Surtout qu'à deux jours de l'arrivée dans le contre-la-montre de Genève, il s'en est fallu d'une poignée de secondes pour qu'il ne soit éliminé. « J'ai demandé à Koblet ce qu'il avait mangé pendant l'étape "une banane" », m'a-t-il répondu et je l'ai remercié, « le temps que tu as mis à éplucher ta banane c'est à peu près le temps qui m'a permis de ne pas être éliminé ! »

Bien des spectateurs, sur la route du Tour dans les années 1950, chercheront à apercevoir "Zaaf la lanterne rouge", même dans les éditions où il ne figure pas !

Pour les amoureux du vélo, ou simplement les nostalgiques de ces années où le cyclisme était le sport roi loin devant le football et toutes les autres disciplines, Zaaf a fait partie de cette étonnante galerie de personnages qui de 1903 aux années 1970, de Maurice Garin à l'ère Anquetil, ont sillonné les routes de France et de Navarre comme des Ulysse et des Don Quichotte. Abdel-Kader a fait partie des Don Quichotte, fonçant sur les moulins, fleur au guidon. Très populaire en France et en Bretagne, la terre promise du vélo, il s'est installé à Saint-Pol-de-Léon, avant de repartir en Algérie d'où il nous a quittés en 1986.

Avec les oreillettes et les stratégies qui dominent les courses modernes, et parfois les bloquent ou les rendent insipides, peut-être manquons-nous de ces fous pédalants comme le souriant Abdel-Kader, capables de sonner la charge tous les jours en claironnant : « Je vais casser la baraque ! »

Chapitre 10

Le fulgurant "Pédaleur de charme"

Il y a des exploits, comme ça, qu'on se raconte entre copains autour d'un verre. Il y a longtemps déjà, on se transmettait de génération en génération les victoires héroïques de Charles Martel ou Duguesclin. Le cyclisme a repris à son compte ces chansons de geste qui l'apparentent à l'épopée. Quoi de plus exaltant que ces champions qui guerroient sur les routes, qui ferraillent au plus haut des montagnes, dominent les éléments déchaînés, triomphent de leurs adversaires les plus acharnés ? En écho à cette mythologie, le cyclisme a ses lieux sacrés : l'enfer du Nord, la fournaise du Ventoux, la Casse déserte de l'Izoard, le mur de Grammont, etc. Parfois un lieu est devenu mythique à cause d'un drame, comme le village de Sainte-Marie-de-Campan au pied du Tourmalet où Eugène Christophe a dû réparer lui-même à la forge sa fourche brisée. Parfois, il doit sa renommée à un exploit sidérant, dont on parle encore des décennies plus tard.

C'est ainsi que "Brive-Agen" est entrée dans l'histoire. Brive-Agen ? Une étape qui devait être de transition dans le Tour 1951, et qui a donné lieu à l'une des performances les plus inouïes de l'histoire du Tour de France.

Mais revenons quelques mois en arrière. En Suisse, on commence à parler du phénomène des deux "K"... ou des deux cas. Ferdinand Kübler, "Ferdi National" et Hugo Koblet. En 1950, le premier gagne le Tour de France et le deuxième s'annonce redoutable, il devient le tout premier étranger à remporter le Tour d'Italie ! L'émotion est forte dans la péninsule, car le bel Hugo devance Gino Bartali, le deuxième *campionissimo*, l'autre, Fausto Coppi, s'était fracturé le bassin en tombant dans la 9e étape sur la route de Bolzano, étape remportée par... Bartali, la dernière victoire de Gino dans le Giro ! Quatrième à près de 9 minutes, l'autre K, Ferdi Kübler. Ce Koblet intrigue donc le monde du cyclisme. On le savait rouleur, et sur ce Giro il a montré qu'il passait parfaitement la montagne. On l'avait déjà constaté dans le Tour de Suisse (vainqueur de 3 étapes et du classement final), et le Tour de Romandie qu'il finit deuxième derrière le Français Fachleitner. Après le Giro, Hugo décide de se reposer, le Tour de France ce sera pour l'année prochaine.

On attend donc Hugo sur les routes du Tour en 1951 où il va affronter tout le gratin du peloton international. Il court le Giro, mais il annonce que ce ne sera pour lui qu'une préparation au Tour de France. Et, de fait, il commence piano, et va s'améliorer tout au long de la course avec un exploit dans l'avant-dernière étape, entre Bolzano et Saint-Moritz. L'entrée en Suisse avait inspiré Hugo, qui se livra ce jour-là à une sorte de répétition générale dont vous apprécierez la teneur plus loin. À plus de quarante kilomètres de l'arrivée, il est parti seul, sans se préoccuper d'attendre du renfort. Derrière lui, les premiers du classement général, les meilleurs champions du moment se sont relayés et ont chassé en vain : Koblet a pris plus de 4 minutes à Fiorenzo Magni qui défendait son maillot rose de leader, et à Rik Van Steenbergen, Ferdi Kübler, Fausto Coppi, Louison Bobet et Gino Bartali ! Le Tour s'annonçait bien !

Nous voici donc à Metz d'où va s'élancer le peloton de la Grande Boucle. Seul parmi les meilleurs, Kübler a déclaré forfait, fatigué par un début de saison aussi glorieux qu'épuisant : il a épinglé à son palmarès les deux classiques ardennaises, Flèche wallonne et Liège-Bastogne-Liège, le Tour de Suisse (+ 2 étapes), et le Tour de Romandie (+ 4 étapes) ! A-t-il craint son jeune compatriote ? Sa décision, en tout cas, lui permettra de se reposer et de préparer sereinement le championnat du monde qu'il va remporter à la fin du mois d'août.

Les Italiens, eux, sont là et en force, avec Fausto Coppi, Gino Bartali et Fiorenzo Magni. On dit Coppi moralement affaibli. Son frère Serse, toujours lui, coureur cycliste comme lui, vient de trouver la mort dans une chute au Tour du Piémont. Leur fraternité fusionnelle était connue. Fausto ne s'en remet pas et ne veut pas partir. C'est *il signor* Zambrini, le patron de la "Bianchi" l'équipementier-sponsor du *campionissimo*, qui va le convaincre de courir, le meilleur remède, selon lui, à son chagrin. Les Belges sont eux aussi armés avec Stan Ockers, qu'ils voudraient bien voir gagner ce Tour qui échappe à la Belgique depuis 1939 (victoire de Sylvère Maes). Les Luxembourgeois Goldschmidt et Diederich ne sont pas venus faire de la figuration ni l'Espagnol Bernardo Ruiz déjà vainqueur du Tour d'Espagne, de même que les valeureux Néerlandais Wim Van Est ou Gerrit Voorting. Quant aux Français, ils attendent l'avènement de Louison Bobet, mais n'oublient pas Géminiani, Lucien Lazarides, membres de l'équipe de France... et en pincent toujours pour leur irréductible Breton Jean Robic, plus populaire que jamais depuis qu'il a été relégué dans l'équipe de Paris, sans doute pour ne pas faire ombrage à son rival breton Bobet. Il y a donc du beau monde face à Koblet pour son baptême du feu. Et c'est Koblet lui-même qui prend l'initiative ! Dès la première étape, en effet, il part en solitaire et s'intercale entre l'échappée du jour et le peloton : il roule ainsi une vingtaine de kilomètres, sans effort apparent, pour un test grandeur nature...

Puis les coureurs enchaînent les étapes de plaine, sans entreprendre les "grandes manœuvres" que nous offriront plus sûrement les étapes de montagne. Entre Le Tréport et Paris, toutefois, le Tour est devenu fou l'espace de trente kilomètres : Coppi, Koblet, Bobet, Wagtmans, Barbotin et Marinelli avaient pris la fuite, et Bartali, Robic et Magni ont dû unir leurs forces pour revenir sur eux. C'est bon signe, les ambitions se dévoilent, on aura un Tour animé !

Dans la sixième étape, entre Caen et Rennes, les grands leaders se neutralisent et laissent le tricolore Édouard Muller remporter l'étape, tandis que son activité de ces derniers jours permet à son compagnon d'échappée le Tourangeau Roger Lévêque d'endosser le premier maillot jaune de sa carrière. Il le conservera six jours, avec l'aide de son coéquipier berrichon Georges Meunier, vous savez que je l'aime bien celui-là ! La première épreuve de vérité est pour le lendemain : une étape contre-la-montre de 85 kilomètres entre La Guerche-de-Bretagne et Angers. Koblet est dans son élément mais, surprise ! le chronométreur, qui s'est trompé d'une minute, donne Bobet vainqueur. Koblet sait qu'il est allé plus vite et n'en démord pas. Il faudra 5 heures aux officiels pour rectifier le classement : Koblet a effectivement gagné l'étape avec 59 secondes d'avance sur Bobet, et 1 minute et 4 secondes sur Coppi, puis viennent Magni, et les autres favoris du Tour, Bartali est à plus de 5 minutes, 12 coureurs sont éliminés. Koblet remonte à la troisième place du classement général.

Roger Lévêque défend fort bien son maillot jaune, qu'il conserve à Limoges, puis encore à Clermont-Ferrand... là où Géminiani arrive seul. Un raid qu'il avait prémédité en voulant à tout prix gagner dans sa ville natale. Il fait en même temps un joli rapproché au général où il occupe désormais la troisième place. Mais le plus important de cette histoire, c'est que Bobet, qui avait tenté en vain d'empêcher son coéquipier de se lancer dans cette aventure, a craqué et perdu 6 minutes sur Raphaël, et, plus grave, il a aussi perdu plus de 3 minutes sur Coppi, Koblet, Magni, Bartali, Ockers. Une brouille sévère naquit ce soir-là... qui devait se transformer plus tard en une amitié à toute épreuve, c'est parfois la magie du peloton. Gem a passé toute sa carrière dans ces "je t'aime moi non plus" entre Bobet, Anquetil, Rivière, Marcel Bidot et même Raymond Poulidor qu'il avait essayé un jour de ravir à Antonin Magne !

Koblet a montré qu'il était le meilleur rouleur, Géminiani a gagné son étape, Magni et Bartali prouvent qu'ils sont bien là, Fausto Coppi lui-même, dans l'ambiance de la course, s'est refait un moral, Ockers est très bien placé au général, Bobet a fléchi mais n'a pas dit son dernier mot. Les acteurs sont en place pour le grand acte des Pyrénées, chacun prépare son récital. Et rien ne presse, puisqu'on va s'y rendre par le chemin des écoliers *via* Brive, Agen et Dax.

Rien ne presse. Sauf qu'un homme a senti sa supériorité et décide de l'exploiter. Bousculant toutes les stratégies, il met soudain le feu aux poudres et porte un rude coup à tous ses adversaires.

Brive-Agen, 17 juillet 1951. Cette onzième étape a été lancée sous le signe de l'élégance par le champion du monde des poids moyens, Ray Sugar Robinson, le prince du Noble

Art. Elle compte 177 kilomètres, Hugo Koblet va en accomplir 143 seul en tête et mettre KO tous ses adversaires !

Amorcée dans la côte de Lenzac avec le nordiste Louis Deprez dont le modeste palmarès se résume à un Paris-Valenciennes et un Tour de la Manche, l'échappée va rapidement tourner à une fulgurante démonstration du champion suisse. Et celle-ci va prendre toute sa dimension épique avec la bagarre effrénée qu'elle va déclencher. Car derrière, tous les leaders unissent leurs forces pour rattraper Koblet. Personne ne rechigne à la tâche, et l'on va voir se relayer à un rythme d'enfer les Coppi, Bartali, Magni, Bobet, Géminiani, Van Est, Robic, Ockers. Peine perdue. Un petit espoir les anime quand ils apprennent que le Zurichois leur a concédé une minute. Mais ce n'était qu'une fausse alerte : face au vent, Hugo avait eu la sagesse de lever un peu le pied pour ne pas se mettre dans le dur. Il repart de plus belle après Souillac et augmente son avance !

C'est l'un des spectacles les plus grandioses qu'on ait vus sur les routes du Tour de France. Hugo Koblet ne fait qu'un avec son vélo, buste immobile, épaules abaissées juste ce qu'il faut pour accompagner le mouvement du dos, il est harmonie, il est beauté, il est œuvre d'art, Proust aurait dit : « Il a l'air d'un Bronzino. » Et quelle efficacité, les chasseurs ne lui reprennent pas une seconde. Avant l'arrivée, il se relève, sort de la poche de son maillot la petite éponge imbibée d'eau de Cologne qui ne le quitte jamais, se rafraîchit le visage, et passe la ligne d'arrivée. À peine la ligne franchie, il déclenche sa montre-bracelet pour éviter les mauvaises surprises du chronométreur qui l'ont déjà échaudé à Angers ! Puis d'un coup de peigne, il se recoiffe, ses lunettes de soleil autour du bras gauche ("il a lancé cette mode et nous les jeunes coureurs on faisait pareil" se souvient l'ancien pro André Riolfo) et attend tranquillement la meute de ses poursuivants. Ceux-ci arrivent exsangues, à bout de souffle, perdent 2 minutes et demie (2'35" exactement) plus la minute de bonification qu'a empochée le Suisse. Épuisé, Raphaël Géminiani aura ce mot: « Ce n'est pas possible, un coureur pareil... S'il existait deux Koblet, je changerais de métier immédiatement ! » Deprez, son éphémère compagnon d'échappée, avouera: « J'ai lâché prise, Koblet roulait comme un avion. » Wim Van Est, l'increvable Néerlandais vainqueur de Bordeaux-Paris constate: « Les Italiens se relayaient comme des fous, nous avons roulé au maximum de nos possibilités, mais il nous prenait toujours du terrain... » Quant à Koblet, lui-même, il déclare simplement: « Jusqu'à la mi-course j'ai pédalé très en dessous, j'ai mis les gaz seulement sur la fin. »

Les journalistes qui ont suivi cette incroyable chevauchée solitaire sont encore sous le choc de ce qu'ils ont vu, et de la facilité apparente du coureur qui n'abandonna pas un instant son style élégant et fluide. Le soir en dictant son "papier" au téléphone, le plus inspiré d'entre eux sera sans doute le chansonnier Jacques Grello, qui aura cette formule dans les colonnes du *Parisien Libéré*: "Le pédaleur de charme". Un surnom qui collera pour l'éternité à la peau du bel Hugo. Et Jacques Goddet, chantre infatigable de la mystique du Tour de France, écrira dans *L'Équipe* : « Koblet est le don le plus généreux qu'on ait jamais déposé sur l'autel du Tour. »

Seul Charles Pélissier dans *Miroir-Sprint* émet un bémol: « On peut se demander si les Italiens ne l'ont pas volontairement laissé se fatiguer pour un petit gain de 2 minutes à la veille des Pyrénées.... » Y avait-il une légère dose de jalousie dans cette analyse de la part de celui qui était considéré comme le coureur le plus élégant de l'histoire du cyclisme... jusqu'à l'arrivée d'Hugo Koblet ?

En fait chacun se souvient de l'exploit similaire que le champion suisse avait réalisé au Giro l'année précédente. Beaucoup avaient cru en un heureux concours de circonstances ou en un état de grâce éphémère. Ils en sont pour leurs frais. Koblet domine son sujet et ses adversaires. La suite de ce Tour 1951 va le démontrer.

À Agen, donc, les adversaires du Suisse ont pris un gros coup au moral, et les jours en jaune de Roger Lévêque sont comptés. Il le sait et perdra son beau maillot le lendemain à Dax. C'est le Hollandais Wim Van Est qui devient leader, à la veille d'attaquer les Pyrénées. Le lendemain, ce même Van Est échappe à la mort par un incroyable miracle : descendeur audacieux, il découvre la montagne et Géminiani, Coppi et Koblet l'ont distancé dans l'ascension de l'Aubisque. Il veut les rattraper dans la descente et manque un virage. Il se relève. Puis il en rate un deuxième et plonge dans le ravin. Mais personne ne l'a vu. C'est la tache jaune de son maillot qui permettra de le repérer, cinquante mètres en contrebas : on le tire de là avec des boyaux attachés les uns aux autres ! Un vrai miracle. Le visage en pleurs de Van Est à la une sépia de *Miroir-Sprint* restera à jamais l'une des images les plus pathétiques de la légende du Tour. Elle a marqué mon enfance. Le soir à Tarbes, c'est le Français de l'équipe Est-Sud-Est Gilbert Bauvin qui endosse le maillot jaune.

Mais Koblet sûr de lui est impatient de montrer toute l'étendue de son talent. Rouleur hors pair, il veut exprimer maintenant ses qualités de grimpeur. Et là encore, il se montre irrésistible. Entre Tarbes et Luchon, il rejoint Coppi dans Aspin après avoir crevé dans le Tourmalet et les deux hommes vont aller au bout, le Suisse réglant l'Italien au sprint. Koblet s'empare du maillot jaune. Il le conservera jusqu'à Paris. Avec encore une victoire d'étape à Montpellier, et le contre-la-montre de Genève, chez lui en Suisse. Il aura l'élégance de laisser Coppi et Bobet gagner chacun son étape. À Paris, ses suivants Raphaël Géminiani et Lucien Lazaridès sont relégués à plus de 20 minutes... Un triomphe absolu qui le place au sommet de la hiérarchie cycliste de l'après-guerre. "C'est moi qui ai gagné le Tour ! s'esclaffe Géminiani, Koblet, il faut le mettre hors concours !"

Tous ceux qui l'ont connu classent en effet l'athlétique Hugo Koblet, 1,82 mètre, 76 kilos dans une catégorie à part. Celle des grands seigneurs de la route. Son rival Ferdi Kübler était démonstratif, lui il était... en démonstration ! C'est le plus beau coureur qu'on ait pu admirer jusque là sur un vélo, il a le goût du panache et sa générosité est proverbiale : il a toujours refusé d'humilier un adversaire. Beau gosse, il était aussi la "coqueluche" du public féminin et ne comptait plus ses conquêtes....

« Quand il venait en vacances à Antibes, me raconte José Mirando qui était à 20 ans en 1951 le plus jeune coureur du Tour, il n'avait jamais la même femme ! » Une maladie vénérienne attrapée au Mexique, à la fin de cette année 1951, compliquera singulièrement sa fin de carrière ! Les années suivantes le verront alterner bonnes et mauvaises performances, problèmes personnels et ennuis de santé. Il se tournera vers la piste où les efforts sont moins exigeants et où il peut encore monnayer convenablement son nom. Dans le Grand Prix des Nations 1954, il a abandonné et passé le relais de roi du contre-la-montre au jeune Jacques Anquetil... aussi beau que lui sur le vélo, et qui faisait partie de la même équipe La Perle, on aurait pu dire les "Perles", dirigée par Francis Pélissier.

Le bel Hugo n'est pas fait pour les demi-mesures, les

places d'honneur ou les succès d'estime : il n'est à l'aise que sous les projecteurs et dans la réussite. Il n'a pas pensé à sa retraite, a brûlé sa vie par les deux bouts, il continue à dépenser sans compter un argent qu'il n'a plus, sa femme, un ancien mannequin, le quitte, et il se réfugie dans un petit studio à Zürich près du vélodrome d'Oerlikon. C'est une lente descente dans des enfers qu'il ne connaissait pas et auxquels il n'est pas préparé. Le 2 novembre 1964, sur une route qui surplombe le lac de Zürich, il circule au volant de son Alfa Romeo, son dernier bien, et il va percuter violemment un poirier. On ne découvre pas la moindre trace de freinage. On pense au suicide. Il mourra quatre jours plus tard à l'hôpital. Il avait 39 ans. J'avais fait sa connaissance deux mois plus tôt à Sallanches, à l'occasion des championnats du monde où il travaillait pour une radio suisse, et où il avait été enthousiasmé par le jeune champion du monde des amateurs, un certain… Eddy Merckx !

Hugo Koblet restera dans la grande saga du Tour de France comme ce "pédaleur de charme" unique et incomparable, une sorte de James Dean de la geste cycliste.

Chapitre 11

Le triplé de Louison

« Son démarrage dans le Ventoux, suivi d'un véritable contre-la-montre de 60 km seul contre tous, c'est vraiment le plus grand exploit de toute la carrière de Louison », m'affirmait récemment Jean Bobet qui faisait partie de l'équipe de France du Tour 1955 et qui restait toute la journée – « aussi longtemps que je le pouvais ! » – aux côtés de son grand frère pour lui passer son vélo en cas de besoin. « Nous avions les mêmes côtes, à un demi centimètre près pour la hauteur de la tige de selle. »

« Depuis les Alpes son induration mal placée le faisait terriblement souffrir, mais son objectif de gagner trois Tours de suite était tellement grand, tellement beau, sa motivation tellement forte que rien ne pouvait l'arrêter ! »

On croirait entendre le général de Gaulle :

« La route est longue mais elle est belle, le but est grand mais qu'il est loin, allons le départ est donné ! »

Depuis les Pyrénées, depuis que l'autre Charles... Charly Gaul a reconnu sa supériorité – cette presque homonymie est incroyable quand on sait que Gaul a remporté son Tour de France en 1958, l'année du retour au pouvoir du Général – et lui a serré la main en roulant, dans un hommage resté célèbre, les adversaires de Louison Bobet semblaient résignés, personne ne doutait plus de sa victoire finale... sauf lui ! Il a toujours été comme cela Louison, un éternel inquiet. Mais cette fois il avait ses raisons.

Il fait un soleil radieux, ce samedi 29 juillet 1955, sur les routes du Poitou et de la Touraine. La foule des grands jours pique-nique gentiment de part et d'autre de la chaussée, et applaudit toutes les trois minutes le coureur qui passe seul "contre-la-montre". C'est l'épreuve de vérité pour deux hommes en particulier. Un Belge de Namur, Jean Brankart, et un Français de Bretagne, Louison Bobet. Entre Châtellerault et Tours, sur 68,6 kilomètres, se joue le Tour de France.

Le public n'a d'yeux et de la voix, évidemment, que pour "son" Louison, "son" champion du monde, "son" maillot jaune, "son" favori. On a rarement vu un tel engouement. À Tours, où l'arrivée a lieu sur la piste en cendrée du stade de Grammont, des milliers de voix poussent des "Oh !" et des "Ah !" au rythme des annonces des temps de passages et d'arrivées répercutés par les haut-parleurs. On réagit d'autant plus que c'est l'enfant du pays, Pierre Ruby, qui a signé l'exploit du jour et personne n'arrive à le détrôner... Antoine Blondin note dans sa chronique de *L'Équipe* : "Ruby, hier encore inconnu, broute nerveusement le gazon depuis plus de deux heures, sous l'œil des populations. Chaque fois qu'un collègue débouche sur la piste, son cœur s'arrête de battre : une cinquantaine de petites syncopes, déjà, que dix mille personnes partagent avec lui ; mais chaque fois l'étau se relâche, la respiration revient, l'intrus n'a pas fait mieux que Ruby". "Inconnu", dit Blondin, pas de ses compatriotes ligériens en tout cas, qui font un triomphe répété à leur poulain, qui épousera Michelle la fille de Gaston Plaud, le directeur sportif de l'équipe Peugeot des années 1960... qui vient de fêter ses 98 ans !

C'est Fred de Bruyne qui va briser le rêve du jeune espoir de l'équipe de l'Ouest. Ruby finira quand même sixième de cette étape. Au départ de Châtellerault, Antonin Rolland était deuxième du classement général à 6'04" de Bobet, Charly Gaul 3e à 7'43", Jean Brankart suivait à 7'45", devant Géminiani à 10', et les Italiens Astrua et Fornara, encore plus loin. Les comptes sont vite faits : Rolland n'en peut plus depuis les Pyrénées, Gaul n'est pas un rouleur exceptionnel, Géminiani et les Italiens sont trop loin. Reste Brankart. Près de 8 minutes à combler en un peu plus de 68 kilomètres. Il faudrait *grosso modo* qu'il reprenne à Bobet entre 7 et 8 secondes au kilomètre. Impossible en temps normal. Mais c'est une véritable angoisse pour le maillot jaune. Car sa blessure à la selle s'est encore aggravée dans les Pyrénées et le fait souffrir le martyre. Il a pu donner le change tant bien que mal jusque-là, mais il est au bout de sa résistance. Tout peut arriver, même le pire. L'équipe de France a fait bloc autour de lui pour le protéger mais là il est seul, il ne peut compter que sur lui.

Louison a signé un début de saison tonitruant, et fait honneur à son maillot de champion du monde en gagnant une étape de Paris-Nice, puis en devenant le premier Français de l'histoire à remporter le Tour des Flandres, avant de terminer troisième de Paris-Roubaix derrière Jean Forestier et Fausto Coppi. Il a encore dominé le Tour du Luxembourg avec deux étapes à la clé, et fini deuxième du championnat de France à l'issue d'un sprint tellement serré avec André Darrigade qu'il a failli poser réclamation ! Mais surtout il a remporté en se baladant la "répétition" du Tour, le Critérium du *Dauphiné Libéré* avec trois victoires d'étapes. Il est incontestablement le "patron" du peloton, et l'on voit mal qui pourrait l'empêcher d'aligner un troisième Tour de France consécutivement, exploit qui n'a encore jamais été réalisé.

Qui pourrait l'en empêcher ? Sa blessure à la selle peut-être, son “induration”, son inflammation du périnée, pire ennemi du coureur cycliste, qui s'est réveillée, au point qu'il a envisagé de déclarer forfait pour le Tour. Et quand Bobet se met martel en tête, il voit tout en noir, se fait une montagne d'un détail omis, d'un boyau pas assez sec, d'un maillot mal repassé, du moindre grain de poussière dans son approche de la course... Plus maniaque n'existe pas !

Mais son soigneur Raymond Le Bert l'a en partie rassuré, et il a pris le départ. Coppi, en fin de carrière, n'est pas venu, mais les adversaires ne manquent pas. Louison a donc besoin, vis-à-vis de lui-même et de ses concurrents, de s'affirmer très vite, de se prouver et de leur montrer qu'il est bien le plus fort.

Peu après le départ de la troisième étape, dans le Nord, entre Roubaix et Namur, il saute dans la roue de Roger Hassenforder qui attaque comme d'habitude et se lance dans une course folle, sans penser au lendemain, comme s'il s'agissait d'une “classique” d'un jour. “Frère Jean” est avec lui, ses coéquipiers Malléjac et Antonin Rolland vont vite le rejoindre et ils emmènent à toute allure une échappée de 14 coureurs, avec en particulier Wagtmans le maillot jaune, Robic, Fornara, et Brankart qui arrive chez lui. Bobet s'impose en patron dans l'escalade finale de la citadelle de Namur. Derrière, c'est la débandade : Kübler, Ockers, Gaul, Bauvin sont relégués à près de 12 minutes ! Personne n'attendait une action si musclée (210 km d'échappée) ni surtout si précoce du champion du monde. Le lendemain, le fidèle Antonin Rolland endosse le maillot jaune et l'équipe de France va supporter tout le poids de la course. Mais on ne peut pas courir derrière tous les adversaires. Et trois jours plus tard, à Zürich, où Darrigade empêche Kübler de gagner chez lui, les Français ont laissé partir un Pasquale Fornara qui vient de terminer septième du Giro et repasse Bobet au classement général. On a laissé revenir un vrai “client”, bon grimpeur, excellent rouleur.

Autre souci, le petit Luxembourgeois Charly Gaul, que l’on croyait perdu définitivement sur les pavés de Namur, resurgit, et de quelle manière ! Sous la pluie qu’il affectionne, il donne un récital dans les Aravis, le Télégraphe et le Galibier. Le voilà qui revient à la troisième place du classement général, derrière Rolland et Van Est mais devant Fornara, Bobet, Brankart et Robic. 12 minutes perdues, 15 minutes regagnées trois jours plus tard... c’est cela qui faisait le charme du Tour en ce temps-là. Charly arrive seul à Briançon avec exactement 13’47” d’avance sur Bobet, Kübler, Brankart, Fornara. Il n’a pas encore 23 ans, mais il en est déjà à son troisième Tour, il n’a pas terminé les deux premiers et il n’a pas encore été surnommé “l’Ange de la Montagne”. Il tente encore sa chance entre Briançon et Monaco, sans succès, Géminiani gagne dans la Principauté.

Arrive la terrible étape du Ventoux, qui s’annonce encore plus meurtrière avec le soleil de plomb qu’on annonce sur le “Mont chauve”. La veille de ce rendez-vous décisif, dans l’étape Monaco-Marseille, Louison souffre à nouveau de sa blessure à la selle. Il raconte : « Comme tout le monde, les mains en haut du guidon, j’affecte la plus grande décontraction, je salue de la main la foule qui m’acclame [...] mais Dieu que je souffre ! [...] Je dois faire des efforts surhumains pour rester normalement assis sur ma selle. Mes adversaires me regardent, il ne faut pas qu’ils sachent [...] sinon ils vont attaquer et d’ici Paris ils finiront bien par me faire craquer.» La douleur s’est réveillée à 80 km de l’arrivée : « Heureusement, le train est lent, je peux tricher un peu en mettant les mains en bas du guidon. Je laisse peser mon corps sur les bras vers l'avant, ainsi j'effleure juste ma selle et la douleur est un peu plus supportable. »

Le soir à l'hôtel, le champion est assailli d'idées noires. Jamais il ne pourra rouler jusqu'à Paris dans de telles conditions. Ce serait tellement plus simple d'abandonner. Mais il y a cet objectif, ces trois victoires de suite, il faut tenir ! Les cyclistes le savent, ce sport est un défi permanent à la douleur et le champion est celui qui parvient à la repousser plus loin que les autres. C'est le cas de Louison, bien sûr, mais ce soir, il a besoin qu'on le lui dise. Une seule personne le peut. Raymond Le Bert encore, son soigneur, mais aussi son ami et son confident. Il lui fait prendre un bain, le masse, lui affirme qu'il aura moins mal demain, que sa musculature est parfaite.

« OK, alors c'est décidé, demain j'attaque à mort. C'est l'étape du Ventoux, je vais leur en faire baver ! »

Cette étape du Ventoux 1955 restera à jamais parmi les grandes pages de la légende du Tour. À plusieurs titres. Pour le dernier envol de "l'aigle de l'Adliswil", le fantasque Hélvète Ferdinand Kübler, vainqueur du Tour de France en 1950. Il attaque sur le plat et accélère encore sur les premières pentes du "Géant de Provence". Raphaël Géminiani, échappé avec lui, le prévient : « Attention, Ferdi, le Ventoux n'est pas un col comme les autres ! ». À quoi le Suisse répond : « Ferdi non plus, pas coureur comme les autres ! » « Puis toujours en gesticulant et en hennissant, raconte Gem, Kübler commence à zigzaguer, occupant toute la route. Fidèle à sa légende, le Ventoux lui faisait payer cher sa témérité. » Kübler s'effondrera, gravira le col comme il pourra, s'arrêtera dans un café après la descente, repartira en sens inverse, le public le remettant dans la bonne direction... Il ne prendra pas le départ de l'étape du lendemain. "Ferdi-Cheval", "Ferdi-National" faisait partie de ces figures légendaires du vélo des années 1950, les derniers chevaliers de la petite reine, ses hussards, ses grognards. Il nous a quittés, fin 2016, à 96 ans passés.

Dans la fournaise du Ventoux, ce jour-là, un autre coureur s'effondre d'une manière spectaculaire, et donne des frayeurs aux suiveurs et au corps médical. Jean Malléjac, qui roule en compagnie du maillot jaune Antonin Rolland, à dix kilomètres du sommet, traverse soudain la route et s'effondre sur le bas-côté. On se précipite. Il est inconscient. Le docteur Dumas lui prodigue les premiers soins, mais dans l'ambulance il subit une crise de *delirium tremens*. Le médecin portera plainte contre X pour empoisonnement. Malléjac a le même soigneur que Charly Gaul, victime, lui, de ce qu'on appellera pudiquement une "crise de foie" dans la même étape. Sur cette même route surchauffée du Ventoux, douze ans plus tard, Tom Simpson laissera sa vie.

Pendant que se déroulent ces drames, Louison Bobet a tenu sa parole. Il s'est détaché à dix kilomètres du sommet. Les photos de son ascension solitaire, revêtu de son maillot arc-en-ciel sont d'une beauté sauvage qui porte le sport au rang des grands arts éphémères.

Qu'est-ce que j'aurais aimé commenter cette étape sur la moto :

"C'est fantastique ce que Louison Bobet est en train de réaliser. La pente est de plus en plus raide et la situation est la suivante. En tête Géminiani et Kübler viennent de lâcher Scodeller qui était parti avec eux avant d'attaquer le Ventoux. À 2 minutes voici Louison Bobet qui a pris les choses en main, il emmène un très grand développement, il se déhanche pour appuyer de toutes ses forces sur la pédale droite, puis sur la gauche, et c'est efficace, il n'y a plus que cinq coureurs dans sa roue, le Belge Brankart, les Italiens Fornara et Astrua, le Luxembourgeois Charly Gaul et Maurice Quentin qui s'accroche... et finit par décrocher. C'est maintenant Charly Gaul le roi de la montagne qui est écœuré par le rythme de Louison. Ah il n'aime pas la chaleur Charly, la bouche ouverte il est asphyxié ! On approche du Chalet Reynard et Bobet aperçoit Géminiani et Kübler qui zigzague sur la route. Gem et Ferdi, ils ont pourtant les deux nez les mieux profilés du peloton pour pénétrer dans l'air mais ils restent soudain scotchés à la route. Louison accélère encore, il est dans un grand jour, il part tout seul, c'est incroyable, Brankart baisse la tête. Louison dépasse au sprint Gem et Kubler et il s'envole dans le ciel du Ventoux..."

Lorsque Bobet a attaqué, Raphäel Géminiani, on l'a vu, s'était déjà porté aux avant-postes, selon le plan établi la veille. Gem devait se laisser rattraper au sommet afin d'aider Louison dans la descente et sur les cinquante kilomètres de plat pour atteindre Avignon. Mais Louison l'a rattrapé et dépassé plus vite que prévu.

Au sommet son avance est inférieure à la minute, Brankart n'a cédé que 55 secondes, mais il a tellement puisé dans ses réserves pour essayer de limiter la casse, qu'il a perdu de sa lucidité et va chuter deux fois dans la descente que Bobet effectue à "tombeau ouvert". On va assister ensuite à une course-poursuite qui rappelle aux suiveurs la chasse impuissante du peloton derrière l'intouchable Koblet en 1951 entre Brive et Agen. Encore le bel Hugo, lui, pouvait-il pédaler normalement. Pour Louison chaque coup de pédale est un déchirement. Et catastrophe, il crève dans la traversée de Carpentras. Marcel Bidot s'arrête. Changement de roue interminable. Étonnant ! Louison ne s'énerve pas, il en profite pour se rafraîchir à une fontaine. Une minute et dix secondes perdues. Il n'a plus beaucoup d'avance et il reste encore 10 km. Faut-il insister alors que les poursuivants s'unissent dans la chasse ? Oui, décide Louison qui veut marquer le coup et les esprits. Et il repart de plus belle. Mais en même temps il est réaliste et il demande à Marcel Bidot : « Si mon avance passe sous la minute, dites-le moi, je me relèverai. » Bidot connaît son Bobet sur le bout des doigts. Il sait que sa fierté lui interdit de baisser pavillon. Alors il décide de lui mentir... par omission ! Bobet croira toujours qu'il a plus d'une minute d'avance ! Louison remporte l'une des plus belles victoires – la plus belle ? – de sa carrière. Brankart est sur ses talons ou presque, à 49 secondes, et Fornara à 55. C'est peu, après un tel effort. Mais moralement c'est énorme. Le patron, c'est bien lui. Les autres l'ont compris !

Désormais Louison Bobet occupe la deuxième place du classement général à 4'53" de son coéquipier Antonin Rolland.

« Et ça aussi ça l'empêchait de dormir, se souvient Raphaël Géminiani qui partageait sa chambre. "Zonzon" avait deux problèmes, son entrejambes qui n'était pas beau à voir, et son équipier qui s'accrochait à son maillot jaune. Il avait peur de ne pas pouvoir réaliser son rêve, ce triplé, pour faire mieux que son maître, notre maître à tous, Fausto Coppi. »

Charly Gaul navigue à 12 minutes. Il va gagner dans les Pyrénées à Saint-Gaudens (devant Bobet), mais il ne reprend qu'une minute à Louison qui retrouve ce jour-là son maillot jaune. Antonin Rolland n'a pas pu suivre les meilleurs, il a perdu plus de 8 minutes. Le lendemain, les favoris se neutralisent au Tourmalet et dans l'Aubisque, et Brankart gagne à Pau (encore devant Bobet). Bordeaux, Poitiers... rien ne vient bouleverser la hiérarchie. Reste cette longue étape contre-la-montre entre Châtellerault et Tours. En 68,6 km, on peut faire des écarts. Brankart est un fameux rouleur et Bobet est au bord de la rupture après 4 200 kilomètres de course effectués sans pouvoir s'asseoir normalement sur sa selle. C'est à cause d'une induration de même nature que Laurent Fignon laissera le Tour 1989 pour 8 secondes à Greg LeMond, le dernier jour, dans le dernier kilomètre...

Retour au Stade de Grammont. Fred de Bruyne qui a délogé le petit Tourangeau Pierre Ruby de la première place provisoire de l'étape, est dépassé à son tour par le Hollandais Wim Van Est, le miraculé du ravin de l'Aubisque en 1951. Plus que trois coureurs. Comme prévu Pasquale Fornara signe le meilleur temps en attendant les arrivées de Brankart et Bobet.

Le Belge passe en tête à tous les pointages, malgré un changement de roue qui lui coûte une quarantaine de secondes. Mais finalement il n'assomme pas la course, il ne devance Fornara que de 30 secondes et, surtout, Bobet que de 2 minutes et 12 secondes. Un Bobet qui a pratiquement roulé en danseuse tellement il souffre. « J'ai cru mourir ! Depuis Pau, mon docteur ne me quitte pas, la blessure s'est rouverte dans les Pyrénées. »

La plaie a pu être maîtrisée par son médecin breton le docteur Maros, de Châtelaudren, qui est venu avec tout son matériel pour pratiquer chaque soir de longues séances d'ultrasons.

Le Tour 1955 est joué. Au courage. Au panache. L'homme a su dépasser le champion. Jamais coureur n'a autant souffert que Louison cette année-là. « Il a été héroïque ! » s'enthousiasme encore aujourd'hui Raphaël Géminiani, qui sait de quoi il parle. Comment a-t-il fait ? Où est-il allé puiser cette volonté, cette rage de vaincre qui ne s'exprimait pas à la manière directe et brutale d'un Merckx ou d'un Hinault, mais restait toujours empreinte de cette élégance, de cette distinction que Monsieur Bobet a apportées au sport cycliste.

« C'est en se levant tous les jours à 3 heures du matin pour venir pétrir le pain que Louison s'est forgé cette volonté », dira son père boulanger à Saint-Méen-le-Grand, près de Rennes. Objectif atteint, 3 maillots jaunes consécutivement en 1953, 1954 et 1955, Louison Bobet entre à son tour dans la légende !

Toute la France a pu l'admirer puisque pour la première fois la télévision retransmettait tous les soirs un résumé de l'étape du jour... toute la France, non ! car il n'y avait guère que quatre cent mille téléviseurs en ce temps-là.

Chapitre 12

Un sprinteur à deux doigts de gagner le Tour !

On l'appelait "Le Lévrier des Landes" ou "Dédé de Dax". Le public français l'adulait. Une ferveur à la hauteur d'un superbe palmarès : champion du monde, Champion de France, Tour de Lombardie, Critérium international, Trophée Baracchi, et des étapes dans toutes les grandes courses, au Giro d'Italia comme au Tour de France, où il a franchi 22 fois la ligne d'arrivée en tête, ce qui le place juste derrière Eddy Merckx, Mark Cavendish, Bernard Hinault et André Leducq ! Il est l'un des meilleurs routiers-sprinteurs de tous les temps, et son palmarès aurait pu être beaucoup plus riche !

"Dédé" Darrigade – était – est toujours ! – la gentillesse personnifiée, toujours souriant, toujours prêt à travailler et aider son prochain. Sur les routes du Tour, son prochain, c'étaient évidemment ses coéquipiers pour lesquels il n'a jamais compté ses efforts. C'est d'ailleurs pour cela que ses victoires d'étapes ne sont pas encore plus nombreuses. Car dans les années 1950 et 1960, il a roulé pour Louison Bobet, puis pour Jacques Anquetil et la notion de "coureur protégé" n'existait guère en dehors du leader désigné. Il a donc été obligé d'abattre un travail considérable d'équipier avant de songer à son propre intérêt. Quand on connaît sa vélocité et qu'on voit aujourd'hui des équipes entières au service de leurs sprinteurs, Cavendish, Kittel ou Demare, on imagine la razzia qu'aurait pu réaliser André au cours des quatorze Tours de France qu'il a disputés !

Écartons l'année de ses débuts, où il devait faire ses preuves, en 1953, dans la formation du Sud-Ouest. Il remporte quand même sa première étape et force l'admiration de Louison Bobet qui le fera entrer dans l'équipe de France du Tour 1954. C'est le début d'un long bail. Chez les Français, seuls Christophe Moreau, Thomas Voeckler et Sylvain Chavanel feront mieux... mais sans remporter 22 étapes !

Ses Tours de France auraient pu ressembler à ceux de tous les sprinteurs qui visent les succès d'étapes et le maillot vert, mais il se trouve que l'année 1956 va s'annoncer très particulière. Coppi, Koblet, Kubler, Robic ne sont plus là, le rôle de la montagne a été adouci, personne ne voit qui pourrait empêcher Louison Bobet de gagner son quatrième Tour d'affilée... sauf le Breton lui-même. Il a terriblement souffert de ses furoncles et de cette fameuse "induration mal placée" *(sic)* ! le Tour 1955 a laissé des traces, et il a été opéré pendant l'hiver. De plus, il a voulu reprendre l'entraînement trop tôt et même s'il a triomphé dans la plus belle classique Paris-Roubaix, il n'est pas en état de supporter tout un Tour de France. Tout cela laisse la porte ouverte aux ambitions de plusieurs coureurs qui se sont déjà illustrés sur les routes du Tour, comme le Belge Stan Ockers, le Hollandais Wout Wagtmans, l'Espagnol Federico Bahamontes, le Suisse Fritz Schaer, ou les deux dauphins de Bobet l'année précédente, le Belge Jean Brankart et le Luxembourgeois Charly Gaul. Côté français, on ne voit guère qu'un

Jean Dotto, le “vigneron de Cabasse” dernier vainqueur du Tour d’Espagne mais exilé dans la modeste équipe du Sud-Est, ou des membres de l’équipe de France comme Gilbert Bauvin, Raphaël Géminiani, ou Antonin Rolland, le fidèle lieutenant de Bobet qui a porté le maillot jaune pendant douze jours l’année précédente. Mais personne ne songerait à André Darrigade le sprinteur ni à un certain Roger Walkowiak... sur lequel Roger Walkowiak lui-même ne miserait pas un kopeck au départ de Reims en ce 5 juillet 1956 ! Bien sûr, l’ambition vient en gagnant comme l’appétit en mangeant, mais cela, Roger l’ignore encore.

Quant à notre Dédé national, il commence son Tour en fanfare avec une belle victoire dès le premier jour (il gagnera cinq fois la première étape du Tour en 1956, 1957, 1958, 1959)... et 1961 devant le château de Versailles. C’est l’un de mes grands souvenirs, c’était mes débuts sur le Tour de France au micro de France Inter ! Et pour la première fois de sa jeune carrière, il goûte à la magie de porter le maillot jaune. Un événement qui compte dans la vie d’un coureur. Aussi, quand il sera obligé de le céder au Belge Gilbert Desmet le surlendemain à Rouen, il en concevra une vraie déception et n’aura de cesse de le reconquérir. Tant qu’on n’aborde pas la montagne, il est confiant, car il s’est bien rendu compte qu’il vole littéralement cette année, “il chatouille les pédales”, il connaît une condition physique exceptionnelle, il le ressent profondément, il le “sait”, et devient capable des plus grands exploits.

Et puis il y a autre chose. Comme il ne dispose pas, sur le papier, d’un leader incontestable, le directeur technique de l’équipe de France Marcel Bidot a annoncé la couleur : « C’est la course qui décidera. » Il n’en faut pas plus pour galvaniser le blond Landais qui entend prendre son directeur au mot et s'imposer comme le chef de file. Deux jours plus tard, il reprend son maillot jaune à Caen. Il rêve déjà de l'arrivée au vélodrome de Bayonne où il veut gagner pour éblouir Françoise, sa brune et jolie fiancée qu'il a rencontrée l'année dernière à Frascati aux championnats du monde, et qui viendra de Dax avec son oncle et sa tante, supporters inconditionnels du champion, pour lui donner le baiser de la victoire, il en est sûr ! Et il se prend même à rêver qu'après tout, en passant bien les Pyrénées... il pourrait aborder les Alpes en jaune, et alors qui sait ?

Mais André retombe sur terre dans l'étape qui mène de Saint-Malo à Lorient. Il s'effondre en pleurs après une violente altercation avec son directeur sportif Marcel Bidot. Pourquoi “une belle engueulade” ? Darrigade a lancé avec succès une échappée où il se retrouve avec deux autres membres de l'équipe de France, René Privat et Louis Bergaud. Bidot reste obstinément avec la grosse 203 Peugeot derrière le peloton, et ne dépêche que la petite 4 CV Renault d'appoint pour accompagner son maillot jaune ! Darrigade ne comprend pas cette attitude alors que Bidot au départ du Tour avait bien dit que la course se chargerait de désigner le leader de l'équipe de France. Il en a donc conclu que son directeur ne croit pas en ses chances au classement général. Et, comble de malchance, il crève au mauvais moment. La 4 CV n'arrive pas, Bergaud lui passe sa roue, il rejoint l'échappée après une belle course-poursuite et il prend aussitôt de méchants relais pour accroître son avance sur les ténors avant les Pyrénées. Il en paiera la note en se faisant battre au sprint par le Belge Fred De Bruyne à Lorient... ce que lui reproche Marcel Bidot ! Le patron de l'équipe de France explique qu'il n'était pas derrière l'échappée parce qu'il voulait consolider la place au classement par équipes... Heureusement qu'il ne s'est pas risqué à tenir ce langage du temps de Bobet, il aurait entendu parler du pays! Mais entre les deux hommes, quelque chose s'est cassé. La confiance n'est plus la même.

Ce jour-là, André ne porte pas trop d'attention à l'un de ses compagnons d'échappée Roger Walkowiak, ce coureur de l'équipe Nord-Est-Centre, qui va pourtant lui chiper son beau maillot jaune le lendemain. Le solide fils d'immigré polonais roule comme une force tranquille, et personne ne contrarie son destin. On le laisse s'immiscer dans les échappées... et petit à petit il accumule les minutes d'avance sur les "gros bras" du peloton. Il obéit à son directeur sportif Sauveur Ducazeaux, un malin, qui lui a dit de jouer sa chance. Il l'a fait. Deux fois en deux jours. Tant et si bien qu'il s'empare du maillot jaune à Angers, à l'issue d'une échappée qui va faire du bruit dans l'histoire du Tour de France: un groupe de 31 coureurs arrive à Angers avec 19 minutes d'avance! Ce qu'on appelle dans le jargon du peloton une "échappée bidon"... sauf qu'en 1956 l'équipe de France avait les moyens physiques de réduire l'écart, mais que personne n'a voulu défendre le maillot jaune. Darrigade a pourtant demandé qu'on organise la poursuite, mais il s'est heurté à l'indifférence générale. Même le bouillant Géminiani qui n'était pas en pleine forme et avait mal au genou, s'est récusé en estimant que le seul homme dangereux, Ockers, était à l'arrière. Et Marcel Bidot n'a pas bronché. Il est vrai que dans l'échappée, il y avait aussi un certain Gilbert Bauvin ...

"Walko" est en jaune mais personne ne le prend au sérieux, ses meilleurs résultats jusque là sont des deuxièmes places au Tour de l'Ouest, à Paris-Côte d'Azur et au *Dauphiné Libéré,* mais le rusé Ducazeaux va jouer le coup à merveille. Il sait que son homme est un roc, et que s'il parvient à lui donner un moral de vainqueur, rien ne l'arrêtera. Il sait que ses deuxièmes places sont des vraies performances : il a tenu tête à Bobet dans la terrible côte de Laffrey et terminé juste derrière lui au *Dauphiné Libéré*. De plus, la dernière étape du Tour part de Montluçon, la ville natale de Walko, quel argument massue pour rendre son coureur invincible ! Il dirige Roger Walkowiak au jour le jour, calcule, laisse filer quand il faut, reprend l'initiative à bon escient, et insuffle à son élève la certitude qu'il peut gagner le Tour. À Angers déjà, il l'avait convaincu de laisser à d'autres le maillot jaune – « Mais après Bordeaux seulement car ma femme Pierrette sera là », avait dit Walko, marié depuis six mois à peine – pour ne pas s'épuiser à le défendre, et de voir ensuite la situation en arrivant dans les Alpes avec sérénité. En face, Marcel Bidot n'a toujours pas désigné officiellement de leader à l'équipe de France, mais protège visiblement Gilbert Bauvin, qui a déjà terminé huitième en 1951 et dixième en 1954. Il n'a pas forcément tort quand on sait que Bauvin finira deuxième de ce Tour 1956 à 1 minute et 25 secondes seulement du vainqueur. Mais à Angers, personne ne sait encore qui va l'emporter. Et Darrigade croit de plus en plus qu'il en est capable.

Il se dit qu'avec une forte équipe de France soudée autour de lui, le coup est jouable. Soudée ? Géminiani ne croit pas en lui, Bauvin assure à qui veut l'entendre que “Dédé ne passera pas les Alpes”, opinion bien évidemment relayée par Marcel Bidot. Au vélodrome de Bayonne, Darrigade échoue de peu pour le gain de “son” étape devant les siens et “sa” Françoise, encore battu par De Bruyne... mais il revient à la deuxième place du classement général, à moins de 2 minutes du Hollandais Voorting.

Il aborde les Pyrénées sabre au clair, il se rue à l'attaque, avale sans problème le col du Soulor et passe au sommet de l'Aubisque juste derrière les meilleurs grimpeurs Gaul et Bahamontes ! C'est la plongée sur Pau, l'Italien Nino Defilippis le bat au sprint, mais il se console vite car il retrouve son maillot jaune et endosse aussi le maillot vert du classement par points. Dans l'étape suivante il n'y a que 130 kilomètres entre Pau et Luchon, mais André paie ses efforts de la veille, il s'écroule dans les derniers kilomètres et se retrouve cinquième au général, à près de 5 minutes du nouveau maillot jaune le Belge Adriaenssens.

Le lendemain il sait que Françoise l'attend encore à Toulouse, l'amour fait des miracles, il a récupéré. Col des Ares, Portet-d'Aspet, tout va bien. Il est dans la bonne échappée avec deux équipiers, Privat et Forestier. Le coup est joliment réussi. Ou presque. Car à 8 kilomètres du vélodrome, c'est la crevaison. Il s'arrête discrètement pour changer de roue et vite repartir mais sa voiture n'est pas là. Marcel Bidot est derrière Bauvin qui vient de tomber et la 4CV de secours est encore plus loin, avec les attardés Rolland et Bergaud. Darrigade est au désespoir, il arrache son boyau et doit le changer lui-même, et regonfler à la pompe. Tous ses efforts sont anéantis. Quand enfin la 203 arrive, il jette rageusement son boyau crevé sur la voiture. Defilippis a gagné à Toulouse. Et pour André, une fois de plus, son directeur sportif a montré qu'il ne le considérait pas comme son leader.

La déception est énorme. Mais André est un équipier loyal, comme il le démontrera tout au long d'une carrière exemplaire. Il reconnaîtra sportivement que Gilbert Bauvin étant le seul membre de l'équipe de France présent dans la fameuse “échappée bidon” d'Angers, il était logique qu'il soit ensuite protégé par Marcel Bidot. Mais peut-être pas à ce point : « Le jour de cette échappée, se souvient-il, personne n'a voulu mener la chasse avec moi alors que je portais le maillot jaune. Le lendemain, j'ai quand même repris 10 minutes dans l'étape de La Rochelle. Mais c'est à Angers que j'ai perdu le Tour. C'est dommage, car même si après Toulouse l'équipe de France ne croyait plus en moi, c'est la seule année où je pouvais prétendre sinon remporter le Tour du moins monter sur le podium, j'étais au sommet de ma forme. D'ailleurs j'ai eu le prix de la Combativité, et en fin de saison je suis allé en Italie gagner le Tour de Lombardie, une classique difficile qui n'était pourtant pas dans mes cordes, et cela devant Coppi, Magni, Bobet, De Bruyne, etc. ! » Il aura de quoi nourrir des regrets, en effet, sur cette édition 1956 du Tour de France où Gaul, Ockers et Bahamontes se sont neutralisés, et où l'inconnu Walkowiak est entré dans la légende.

Heureusement "Dédé de Dax" comme l'appelait le "titi" parisien Serge Blusson dans les "Six Jours", est d'un naturel bienveillant et n'en veut à personne. Il a épousé Françoise avec qui il a eu deux garçons : Éric et Patrick. Après sa carrière cycliste, ils se sont installés à Biarritz où ils ont géré les messageries et la Maison de la Presse.

En 2017, sa commune natale de Narosse, près de Dax, lui a érigé une statue de six mètres de haut qui le représente levant le bras lors de sa victoire au championnat du monde de Zandvoort en 1959. Ce jour-là, de nombreuses personnes sont venues lui dire qu'étant gamins, dans les années cinquante et soixante, elles écoutaient la radio tous les jours de juillet pour savoir "si Darrigade avait gagné l'étape"...

Walkowiak n'avait pas autant de "fans" et il est parti discrètement le 6 février 2017, à 89 ans. Il s'était retiré sans tapage à la fin de la saison 1960. Il avait pris la gérance du bar station-service “Le Tartass” à la sortie de Montluçon, puis était retourné à son premier métier de tourneur sur métaux jusqu’à la retraite, qu’il avait prise à Cusset près de Vichy. J’étais allé le filmer à la sortie de son usine mais il n’avait pas voulu répondre, gratuitement, à mes questions, il voulait qu’on le laisse tranquille, il ne roulait pas sur l’or, il n’avait pas l’âme d’une vedette du spectacle. Dommage ! J’avais envie de le réhabiliter pleinement vingt ans après. Il avait failli abandonner le cyclisme professionnel à l’orée de cette saison 1956 justement. Il n’avait pas trouvé d’employeur malgré sa place de deuxième au Critérium du *Dauphiné Libéré* et sa victoire d’étape au Tour d’Espagne. Et c’est le groupe extrasportif que venait de lancer Raphaël Géminiani, en associant son nom au célèbre apéritif, Saint-Raphaël-Géminiani qui l’avait embauché... le même employeur que Gilbert Bauvin ! À chaud, dans le Tour 1956, Darrigade y verra un moment une alliance souterraine, mais en fait, chacun a joué son rôle honnêtement.

Walko avait décroché sa victoire à force de courage et de ténacité mais il avait douloureusement vécu la suite de cette glorieuse aventure. Des esprits chagrins doutaient ouvertement de la valeur de son exploit, ils mettaient sa victoire sur le compte de la chance et de cette “échappée bidon”, et longtemps dans les milieux du vélo on a employé cette expression, « un Tour de France à la Walkowiak » pour désigner une course gagnée avec de la chance par un coureur moyen. Rien n’est plus injuste. Roger avait repris son maillot jaune à l’issue d’une étape alpestre admirable, en arrivant à Grenoble avec les meilleurs grimpeurs comme Nencini et Bahamontes. Et il est allé la chercher sa victoire le lendemain après une chute et une crevaison, et les trois derniers jours encore contre une équipe de France vouée à sa perte... et qui s’est fait siffler à l’arrivée au Parc des Princes !

Roger Walkowiak a finalement illustré la morale de la

fable: « Rien ne sert de courir, il faut partir à point. » Il a joué les David contre Goliath. Et gagné. Et puis, laissons le dernier mot à Bernard Hinault qui sait, je crois, de quoi il parle : « Personne n'a le droit de dire que le Tour lui a été offert. Il n'était pas un voleur. Et le Tour n'est pas un cadeau. »

Chapitre 13

La vengeance de Chéri Pipi

1957, Louison Bobet règne en maître sur le cyclisme. Après ses trois Tours de France victorieux consécutifs, il a fait une pause en 1956 pour se faire opérer de cette induration à la selle qui l'a tant fait souffrir et a bien failli empêcher son fabuleux triplé. Le succès du valeureux Roger Walkowiak n'a pas fait d'ombre à sa couronne, d'autant plus que Louison s'est quand même débrouillé pour enrichir son palmarès d'un Paris-Roubaix qui le place désormais au sommet de l'histoire du vélo dans la roue de son maître Fausto Coppi.

Nous sommes dans une année de transition. Bartali, Kübler et Magni ont raccroché, Coppi est sur le déclin, Koblet n'est plus le même homme, Ockers est mort l'année précédente sur la piste d'Anvers, Brankart n'a pas confirmé les espoirs placés en lui, De Bruyne et Van Steenbergen ne chassent pas les grands tours, Géminiani est l'allié de Louison, la voie royale semble bien dégagée. Certes, il y a bien l'éclosion d'un surdoué du chrono, ce Jacques Anquetil de 23 ans révélé au Grand Prix des Nations, mais la menace lui semble encore lointaine. Quant à ce Charly Gaul qui mouline à toute vitesse son petit développement dans les cols, Louison l'a déjà mâté deux ans auparavant sur les routes du Tour. D'ailleurs on va bien voir, puisque les deux hommes vont se retrouver au Giro, ce Tour d'Italie qu'aucun Français n'a jamais gagné.

C'est justement l'objectif de Bobet, qui aime marquer l'histoire: ramener le maillot rose en France. Et son rêve secret: réaliser le doublé Giro-Tour en cette année 1957. Il s'est déjà cassé les dents deux fois au Giro. En 1951 d'abord, où il a tout de même remporté une étape et le classement du meilleur grimpeur, et en 1953, où il a dû abandonner après un véritable calvaire dû à un abcès douloureux et à sa fameuse induration à la selle. Cette fois il veut absolument gagner. Ne serait-ce que pour prouver au sélectionneur de l'équipe de France pour le Tour, Marcel Bidot, que le jeune Anquetil a beau être prometteur, c'est lui qui reste le patron et personne d'autre.

Mais il veut tellement bien faire, qu'il entame ce Giro "à fond la caisse"! Lui le routier serein, le stratège reconnu, s'empare beaucoup trop tôt du maillot rose de leader, dès la deuxième étape, et doit d'entrée supporter tout le poids de la course. Mais Louison est comme ça: « Ce Giro 1957, je l'ai couru comme un débutant », avouera-t-il. Il s'échine avec ses équipiers à courir après tous les coureurs dangereux, comme les Italiens Nencini ou Defilippis, tandis que Charly Gaul, "en fumant la pipe" se maintient au classement général. À Loreto, le Luxembourgeois se paie même le luxe de démarrer sèchement en vue de l'arrivée et lui reprend 8 secondes. Un rien. Mais pour Louison excédé par les coalitions et l'ambiance électrique de la course, c'est un drame personnel. Le cycliste d'orgueil ne supporte pas l'humiliation même pour quelques secondes. Au point que, dans un moment d'exaspération, il annonce au reporter d'Europe numéro 1 Fernand Choisel qu'il renonce au Tour de France ! Parole imprudente, prononcée sous le coup de l'énervement, mais parole qui va blesser les directeurs du Tour Jacques Goddet et Félix Lévitan… et ravir Marcel Bidot qui compose aussitôt l'équipe de France autour de Jacques Anquetil. Ce dernier aurait-il gagné le premier de ses cinq Tours de France si Bobet l'avait disputé ? On ne le saura jamais.

Toujours est-il que Bobet regrette sa décision hâtive et s'enferme dans un cercle vicieux auquel il ne voit qu'une issue, gagner ce Giro et pouvoir ainsi redistribuer les cartes pour le Tour. Mais l'affaire ne va pas aller sans mal. Seizième étape, la course aborde les Alpes. Charly Gaul a démarré au pied du "Campo dei Fiori" en direction de Varèse, et s'envole dans ce temps pluvieux qu'il affectionne tant. Inutile, dans ces conditions de vouloir accompagner "l'Ange de la Montagne", il faut tenter de limiter les dégâts. C'est ce que fait Bobet… sauf qu'il emmène avec lui un Gastone Nencini revenu sur lui à tombeau ouvert dans la descente du Grand Saint-Bernard. Mais Louison ne pense qu'à Charly Gaul, qui a gagné ce même Giro l'année précédente, et qui lui semble l'homme à battre : « Gaul envolé, raconte-t-il, dans son style recherché et précis, qui le conduisait même parfois à parler de lui à la troisième personne, il me fallait limiter les dégâts, je grimpais avec Nencini à mes côtés. Il tombait des cordes et la pente atteignait les 15 % par endroits, c'est là que le public italien m'écœura : voyant Nencini en difficulté, les mains se tendirent pour le pousser dans le dos, Nencini fut hissé au sommet sans pratiquement pédaler, et plus vite que moi ! Ceux qui ne poussaient pas me tendaient le poing. Ivre de rage, mon directeur sportif Sauveur Ducazeaux, debout dans sa 203 Peugeot décapotable, me doubla, et tenta d'écarter ces *tifosi* déchaînés à grands coups de sirène, chassant les pousseurs avec les boyaux qu'il brandissait d'un bras vengeur. » Le soir Louison veut abandonner. Gaul, lui, s'est emparé du maillot rose.

Le lendemain, les Dolomites sont au menu, avec en final, l'escalade du Monte Bondone. C'est là que va se passer l'une des histoires les plus célèbres et les plus pittoresques de la légende des cycles. Pour Louison Bobet, l'adversaire seul et unique est bien Charly Gaul, porteur du maillot rose. Et Nencini ? Il ne s'en préoccupe pas trop, bien que l'Italien le précède encore au classement général et qu'il ait gagné ce même Giro deux ans auparavant. Non, ce qui inquiète Bobet, ce sont les envolées irrésistibles du petit Luxembourgeois que personne ne peut suivre quand la route s'élève et qui se met à dandiner son buste au rythme endiablé de sa pédalée aérienne... aussi rapide mais tellement plus élégante qu'un certain Chris Froome !

L'affaire commence par un geste anodin, comme il s'en passe dans toutes les courses cyclistes : on s'arrête pour satisfaire un besoin naturel. En capitaine prudent et avisé, Louison fait stopper sa garde tricolore et tout le monde y va de son petit pipi, Raphaël Géminiani dit "le Grand fusil", Antonin Rolland "le Taciturne" qui a porté le maillot rose quelques jours auparavant, Pierrot Barbotin l'inséparable compagnon, Claude Le Ber, Charles Costes et le frère du champion, Jean Bobet. Nencini fait de même. Et Gaul ? Tiens, où est-il donc, le maillot rose ? A-t-il oublié la course et rêve-t-il en faisant des vers, celui qu'on a aussi surnommé "le Rimbaud du vélo" ? En fait, il est bien au chaud au sein du peloton, et quand les Français, flanqués de Nencini qui suit Bobet comme son ombre, font la jonction, quelle n'est pas leur surprise de voir le leader descendre à son tour de vélo, franchir le fossé pour se mettre à l'abri des regards et se livrer à son tour à la même opération intime. Mais en oubliant d'avertir ses coéquipiers. Le maillot rose arrêté, isolé, la tentation est trop forte, Bobet et Géminiani se mettent à rouler à un train d'enfer. On est encore au XXe siècle et toutes les occasions sont bonnes ! On ne ralentit pas quand le maillot jaune a un problème ! Nencini, qui a compris aussitôt la situation, ne rechigne pas cette fois à prendre les relais, et c'est une méchante partie de manivelles qui s'engage à plus de 50 km/heure. Il reste 90 km à parcourir. Après une heure à ce rythme de fous, Gaul et ses équipiers ont réussi à limiter l'écart à 4 minutes. Bobet est atterré : « Je sentais que dans l'escalade du Bondone, Gaul reviendrait comme un éclair, annihilant ainsi tous nos efforts... Mais Raphaël Géminiani me lança en clignant de l'œil : "Gaul a dû se mettre à plat ventre sur le plat, il va rester en équilibre dans le col". » Il a raison. Gaul ne reviendra pas et perdra le Giro. Gem fait aussi remarquer à son leader que Nencini n'est plus très frais. Bobet en convient, mais pour lui, l'ennemi s'appelle Charly Gaul, et il néglige l'Italien, qu'il distance seulement à trois cents mètres de la ligne. Fatale erreur. Il ne prend ce jour-là que 2 secondes à l'Italien alors que de l'avis unanime, celui-ci était à l'agonie dans la dernière ascension et qu'on pouvait le distancer bien davantage. Or, Nencini le battra pour la victoire finale de seulement 19 secondes. Avec l'active complicité de Charly Gaul.

Car le grimpeur agile a perdu son maillot rose à la suite de ce qu'il considère comme une trahison. Les Français et les Italiens se contentent de parler de "fait de course", chacun voit midi à sa porte. Mais Charly est furieux. Il est aussi ulcéré du sobriquet que lui a valu sa mésaventure. Les Français, toujours goguenards en pareille circonstance, lui ont trouvé un nouveau surnom : “Chéri Pipi”, en référence au héros de Gaston Leroux, *Chéri Bibi.* C’en est trop. Lui que l’on voit toujours si calme, avec ce visage angélique, indifférent aux aléas de la course, se révolte. Lui que mon éminent confrère et ami de *L’Équipe*, Pierre Chany a aussi baptisé “le Luxembourgeois-Gentilhomme” ne mâche plus ses mots : « Vous avez peut-être oublié que je suis un ancien boucher, tonne-t-il, je vais vous ouvrir le ventre ! »

En fait de coup de couteau, ce sera un coup de poignard dans le dos des Français : Gaul se met dès le lendemain au service de Gastone Nencini, avec pour seul et unique but d’empêcher Bobet de gagner ce Giro. Il se cale dans la roue de Louison à seule fin de l’énerver, bien sûr, et de le pousser à la faute. Dans la dernière étape escarpée, deux jours avant l’arrivée à Milan, les Français passent à l’offensive. C’est la dernière chance de retourner la situation. Après, sur les étapes de plat, il sera trop tard. Dans la descente du col de Rolle, Nencini crève. Aussitôt Bobet et Géminiani démarrent en trombe, bientôt suivis par Gaul et Baldini. Arrivés dans la vallée, Baldini refuse de prendre les relais. On est en Italie : « Si je t’aide à battre Nencini, dit Ercole à Louison, ils me tueront. » Reste encore un col franchir. Bobet se retourne en gravissant les pentes du Brocon. Il aperçoit quelques lacets en dessous, deux hommes : Nencini, littéralement “tiré” par Charly Gaul. Sans le Luxembourgeois déguisé ce jour-là en Samaritain, il est clair pour tout le monde que Nencini aurait perdu ce Giro. Est-il encore temps pour Bobet de le gagner ? Épuisé par les efforts consentis – souvent inconsidérément – depuis tant de jours, et par ceux de ces dernières heures, le Breton fait un rapide calcul en roulant : « Je me rendis compte que mon avance ne dépassait pas la minute, je sentais même que si je passais le sommet en tête, ils allaient revenir sur moi dans la descente, surtout Nencini qui est un “dégringoleur de col” comme on en voit peu. » Le Français sera rejoint par ses poursuivants. Nencini sauvera définitivement son maillot rose, et gagnera le Giro avec 19 petites secondes d'avance sur Bobet, qui ne sera donc pas le premier Français à remporter le Tour d'Italie. Quant à “l'Ange de la Montagne”, il parachève sa vengeance : il se détache et gagne l'étape en solitaire. « Vous avez le bonjour de Chéri Pipi », a-t-il dû se dire en franchissant la ligne d'arrivée.

Peut-être certains verront-ils dans l'échec de Bobet une morale à la fable. Mais il faut bien avouer que la saison 1957 du champion français lui est restée au travers de la gorge ! Après un début en fanfare avec une victoire dans la semi-classique Gênes-Nice, acquise devant un certain Jacques Anquetil, il a accumulé les deuxièmes places au Grand Prix de Monaco derrière Gilbert Bauvin, au Grand Prix Stan Ockers derrière le Belge Raymond Impanis et devant son frère Jean, au Critérium international derrière Jean Forestier… et la série continue après le Giro quand il échoue dans la roue de Van Steenbergen au championnat du monde à Waregem à l'issue d'un sprint royal d'une échappée de 6 coureurs comme on n'en a jamais vu : Van Steenbergen, Van Looy, De Bruyne, Bobet, Anquetil, Darrigade, trois Belges contre trois Français, ou plutôt… chacun pour soi dans l'un et l'autre camp ! Une vraie course d'équipe aurait pu offrir le titre à un coureur français… Mais la rivalité Bobet-Anquetil est née, avivée par la victoire du Normand dans son premier Tour de France, un Tour que Louison a imprudemment boudé. Il pourra méditer la maxime de Néricault Destouches : « Les absents ont toujours tort. » Entre lui et Maître Jacques, en tout cas, les sourires de façade mettront un certain temps à devenir cordiaux.

En fin de saison, toujours en grande condition physique, Louison veut à tout prix se racheter en accrochant Paris-Tours à son palmarès, une classique qui lui tient à cœur et lui a échappé en 1950 (6e), en 52 (5e), en 54 (2e), et l'année précédente en 1956 où il a terminé derrière les purs sprinters De Bruyne et Miguel Poblet... et à un souffle de son coéquipier Albert Bouvet qui les a tous devancés pour une victoire de légende. Alors, en cette année 1957, Louison veut conjurer le mauvais sort. Il réussit la course parfaite, il est placé pour la gagne au sommet de l'ultime côte de l'Alouette et produit son effort exactement quand il le faut, à trois cents mètres de la ligne. Il sent qu'il a la course gagnée. C'est alors qu'il commet une faute de débutant, une de plus en cette année maudite qui aurait pu être la plus brillante de sa carrière ! Il a préjugé de son avance sur ses adversaires et se relève à vingt mètres de la ligne. Il n'a pas vu un bolide arriver sur sa gauche : Fred de Bruyne le coiffe *in extremis.* Ce même de Bruyne qui l'a aidé l'année précédente à remporter Paris-Roubaix avant de le quitter pour une autre équipe.

Décidément 1957 n'est pas l'année Bobet. Il va encore terminer troisième du Critérium des As, cette course qui attire la grande foule chaque année autour de l'hippodrome de Longchamp, et qu'il a déjà gagnée quatre fois. Mais il est battu par Rik Van Steenbergen et André Darrigade... même tiercé qu'au championnat du monde mais dans le désordre, avec toujours le champion belge en tête. L'hiver venu, il va encore retrouver sur sa route – ou plutôt sur sa piste ! – le jeune Anquetil aux Six Jours de Paris organisés au célèbre Vél' d'Hiv' de la rue Nélaton. Et là encore malgré ses efforts et ceux de ses équipiers Georges Senfftleben et Dominique Forlini, il devra s'incliner devant le trio Anquetil-Darrigade-Terruzzi.

L'année qui s'achève aura vu des batailles fantastiques sur les routes, et l'affrontement de deux générations. On a hâte de connaître la suite, et 1958 en effet, ne sera pas avare d'émotions et de surprises : Gaul "Chéri Pipi" attend son heure et Bobet le boulanger de Saint-Méen n'a pas encore dit son dernier mot !

Bobet et Anquetil sont réconciliés au départ du Tour 1958 mais le fidèle lieutenant de Louison, Raphaël Géminiani ne trouve pas grâce aux yeux du Normand et il prend la tête de l'équipe du Centre-Midi. Charly Gaul domine l'étape contre-la-montre du Ventoux mais il n'aime pas la chaleur et il perd 11 minutes le lendemain sur la route de Gap. C'est le 14 juillet et Géminiani sonne la charge. Nencini gagne l'étape et le "Grand Fusil" s'empare du maillot jaune : « Ah l'équipe de France, vous avez vu, je lui ai souhaité sa fête ! » Anquetil est à 8', Gaul à 15', Bobet à 17', mais il est dit que Gem comme Vietto naguère ne devait pas gagner le Tour.

20e étape, Briançon-Aix-les-Bains, brouillard, vent, pluie glaciale, Charly Gaul "l'Ange de la Montagne" est dans son élément, il s'envole dans la Chartreuse. Anquetil victime d'un point de congestion s'effondre. L'Italien Vito Favero reprend le maillot jaune à Géminiani pour 37 petites secondes. « C'est la faute à l'équipe de France, ils ont tout fait pour me faire perdre. Tous des Judas ! »

Deux jours plus tard, contre-la-montre de Besançon à Dijon, Charly Gaul, le grimpeur s'impose en rouleur et il remporte un Tour de France passionnant de bout en bout. Géminiani est 3e à 3'41", Nencini 5e à près d'un quart d'heure, Bobet 7e à plus d'une demi heure, c'est la revanche de "Chéri Pipi".

Nous avions un ami luxembourgeois commun et j'ai retrouvé un Charly Gaul, gros et barbu, qui vivait en ermite loin du monde et du bruit dans la campagne luxembourgeoise et qui de sa voix tranquille a bien voulu évoquer son

Tour 1958 mais avec une modestie désarmante... Il avait dû lire lui aussi Néricault Destouches... « Les grands perdent toujours à se glorifier ! »

CHAPITRE 14

ANQUETIL-POULIDOR DANS LE "TOUR DU SIÈCLE" !

– Tiens Raymond je vais te faire un cadeau…
– Ce serait bien la première fois !
– Regarde je t'offre l'un de mes maillots jaunes.
– Merci Jacques mais je ne peux pas l'accepter, c'est sacré, c'est comme la Légion d'honneur, ça se gagne sur le terrain !

J'avais ramené Anquetil et Poulidor en 1976, dans le Puy-de-Dôme, qu'ils avaient escaladé comme en 1964, pour *Les Étapes de la gloire*. Et je voulais tellement avoir cette image de Poulidor en maillot jaune que j'ai fini par le convaincre. En enfilant cet objet de tous ses désirs, Poupou a eu la chair de poule :
– Finalement ça me va bien au teint ! Ah oui ça fait quelque chose !

Pour Raymond Poulidor en 1964, il n'y a pas eu de miracle à Lisieux, il a subi le fait du prince à Monaco, il n'a pas connu pire que les Pyrénées, l'Auvergne de Géminiani s'est moquée de lui, le Limousin voisin… et je lui ai retiré sous le nez l'assiette de dessert qu'il s'apprêtait à savourer au Parc des Princes. Tout ceci mérite des explications... il faudrait un livre entier pour raconter ce Tour 1964, le Tour du siècle !

Du 22 juin au 14 juillet, le millésime 1964 a été marqué par une intensité dramatique, des retournements de situations, un suspense permanent jusqu'au dernier kilomètre... et même, hélas, par une catastrophe, la plus terrible de toute l'histoire du Tour. Le 11 juillet, un camion-citerne de ravitaillement des hélicoptères a manqué un virage, est entré dans la foule massée sur un pont étroit, à Port-de-Couze, près de Lalinde entre Bordeaux et Brive, il a plongé dans le canal de Dordogne en entraînant une quarantaine de personnes. Il y a eu neuf morts et treize blessés. J'étais sur la moto de France Inter, nous avions pris un peu d'avance sur le peloton pour aller déjeuner et le camion nous a doublés moins d'un kilomètre avant l'accident. Je suis arrivé le premier sur les lieux, le canal de Dordogne était en sang. Quelques minutes plus tard le peloton s'est arrêté et les coureurs se sont recueillis. Édouard Sels a remporté à Brive cette dix-neuvième étape... puisque le *Show Must Go On !*

Cette édition 1964 a marqué l'apogée de la rivalité Anquetil-Poulidor, le point culminant de cet affrontement qui a divisé longtemps la France en deux. Les "anquetilistes" appréciaient chez leur coureur favori sa science de la course, ses performances hors du commun et son style d'une beauté pure qui en faisaient un des plus grands champions cyclistes de l'histoire. Quant aux "poulidoristes", ils se reconnaissaient dans ce Français moyen qui leur ressemblait, honnête et travailleur, modeste et fidèle aux valeurs de la terre... et capable de rivaliser sur un vélo avec la star ! Les premiers se gaussaient de ceux qui supportaient un "éternel second", les autres en voulaient aux premiers qui préféraient à Poulidor un Anquetil froid et calculateur. Une chose est certaine, en tout cas, c'est que cette rivalité, tout comme celle qui a divisé l'Italie lors de la grande époque de Coppi et de Bartali, cette rivalité a dépassé largement le domaine du cyclisme et même du sport. Elle s'est installé dans toutes les couches de la société, et passionné non seulement les journalistes, mais les humoristes, les créateurs, les écrivains, les philosophes, etc. Heureuses années 1960, en vérité, qui s'enflammaient pour deux champions cyclistes, un blond et un brun, Maître Jacques et Poupou, et connaissaient moins de problèmes de société qu'aujourd'hui...

Au départ de ce Tour de France 1964, on évoque parmi les favoris les Espagnols, le vieillissant Bahamontes (36 ans) et le grimpeur Jiménez (30 ans), le Hollandais Jan Janssen, l'Allemand Rudi Altig, l'Italien Vittorio Adorni, éventuellement notre lyonnais Henri Anglade, mais les *bookmakers* n'enregistrent les paris que sur deux noms : Anquetil, dossard n° 1 et Poulidor n° 19 ! Jacques a déjà gagné quatre fois la Grande Boucle et en 1963, en s'imposant dans la montagne, il a su enfin conquérir et séduire le public. Raymond en est à son 3e Tour, il a fait ses classes, il continue à progresser.

Les poulidoristes ont confiance. Leur favori vient de remporter le Tour d'Espagne, sa première grande victoire dans une épreuve internationale par étapes et il a fait en quelques mois des progrès impressionnants dans l'effort solitaire au point d'enlever le Grand Prix des Nations 1963, et l'étape contre-la-montre de cette Vuelta 1964. Cela ne sera pas de trop face au roi de la spécialité que demeure Jacques Anquetil... qui l'avait humilié deux ans plus tôt en le rejoignant contre-la-montre du côté de Lyon et où son directeur sportif Antonin Magne l'avait prévenu : « Regardez, Raymond, la Caravelle passe. » Anquetil, après avoir remporté son deuxième Tour d'Italie, a d'abord annoncé qu'il ne courrait pas le Tour, puis s'est ravisé en se fixant un objectif ambitieux, c'est comme cela qu'il a bâti son palmarès : rééditer l'exploit de Fausto Coppi et réaliser le doublé Giro-Tour la même année !

L'affaire promet d'être chaude. Elle va l'être dès la première étape. Retardé par la chute, juste devant lui, de Van Looy et d'une dizaine de coureurs, Poulidor se retrouve dans un deuxième peloton qui arrive à Lisieux avec 20 secondes de retard sur le groupe Anquetil. Le Tour est lancé plus vite que prévu ! Et d'une manière inattendue puisque c'est au coureur normand qu'on reproche en général de musarder en queue de peloton... cette fois, c'est le Limougeaud qui est à la traîne. 1 à 0 pour JA. Surprise, Raymond Poulidor va reprendre 14 secondes le surlendemain, dans le contre-la-montre par équipes et revenir à 6 secondes de son rival. Ce ne sont que des secondes... égalité 1 partout, mais déjà le duel est bien engagé et passionne la France de cette fin du mois de juin.

La fièvre monte encore d'un degré le 28 juin, quand une quinzaine d'hommes, dont Poulidor, se détachent et arrivent à Thonon-les-Bains avec 34 secondes d'avance sur le peloton de Jacques Anquetil ! 2-1 pour RP. Le lendemain, "L'Aigle de Tolède" Federico Bahamontes, s'envole dans le Télégraphe et le Galibier et gagne en solitaire comme aux plus beaux jours. Mais ce qui aurait fait la "une" voilà encore cinq ans n'est aujourd'hui qu'une anecdote, car c'est derrière que "Le" duel se poursuit et que l'on commence à se dire que l'on va vivre encore deux semaines de folie ! Poulidor a lâché Anquetil dans le dernier kilomètre du Galibier, et ses supporters se demandent pourquoi il n'a pas attaqué plus tôt, il grimpe mieux que le Normand. « Si j'avais pu… je l'aurais fait », me répète encore aujourd'hui Raymond. Anquetil revient au début de la descente et les deux hommes plongent ensemble sur Briançon… quand le Normand crève, et se retrouve finalement à une minute et 15 secondes de son rival au classement général. 3 à 1 pour RP. Et si la chance tournait… et si le sort devenait enfin favorable à Poupou pour faire mentir le pendule d'Antonin Magne qui ne prédit que des mauvaises choses à Poulidor au mois de juillet ? Il est vrai que cette étape se déroule… un 29 juin !

Ce jour-là, un petit coureur breton d'un 1,65 mètre va dépasser tous les géants de la route ! Georges Groussard, à l'ombre de son frère aîné Joseph dans l'équipe Pelforth-Sauvage-Lejeune, qui remportera le classement par équipes de ce Tour, s'est glissé dans plusieurs échappées depuis le début du Tour et il endosse le maillot jaune. Sa joie de gamin fait plaisir à voir. Il va garder la précieuse tunique pendant dix jours et devenir, lui aussi, la coqueluche du public, qui l'applaudira affectueusement pendant de longues années encore en souvenir de cet exploit.

Il reste encore une étape dans les Alpes avec l'ascension des 23 km du col le plus haut d'Europe, le Restefond, 2 680 mètres. Je m'égosillais de bonheur sur ma moto en admirant les 3 échappés qui avaient fait exploser le peloton, chacun dans son style qui l'a marqué pendant toute sa carrière : Bahamontes droit, presque debout sur son vélo, la tête haute, Anquetil aplati sur sa machine, appliqué, dos rond, la tête dans les épaules, coudes écartés, et Poulidor… entre les deux, normal, tranquille, serein, les mains en haut du guidon. Je rêvais déjà – et je faisais rêver les auditeurs – d'une arrivée "princière" à Monaco avec à la clé un nouveau et somptueux maillot jaune car Georges Groussard avait perdu plus de 6 minutes dans la montée. Mais les trois héros n'avaient pas envie de prendre des risques, on commençait déjà à calculer il y a cinquante ans, et une vingtaine de coureurs, dont Groussard, se sont regroupés dans la descente sur Saint-Sauveur-de-Tinée. Et vont se départager au sprint sur la piste en cendrée du stade Louis II.

Dans ce type d'arrivée il vaut mieux faire la course en tête car sur ce revêtement, doubler dans un virage est dangereux voire impossible. Anquetil exécute parfaitement la manœuvre... mais Poulidor a réussi à rester dans sa roue. Mieux (ou pire !) il sprinte et le dépasse, il franchit la ligne et se relève, il croyait que c'était l'arrivée... alors qu'il reste un tour à couvrir, il fallait comme toujours sur piste parcourir la distance (de l'entrée sur la piste à la ligne) plus un tour. Anquetil n'en croit pas ses yeux et en quelques instants dans ce Tour qui se joue à coups de secondes, il empoche comme dans un rêve, comme par un tour de magie, la victoire et la minute de bonification qui va avec ! Poulidor n'a plus que 15 secondes d'avance sur son rival. Il vient de perdre bêtement 1 minute alors qu'il ne sera battu que de 55 secondes au Parc des Princes !

Incorrigible Raymond ! Quand la malchance le quitte, il s'arrange pour la remplacer par de la légèreté ! Quant à Anquetil, il venait de justifier une fois de plus son surnom de "Maître Jacques" en tirant le maximum de profit d'une étape qui ne lui était pas favorable sur le papier. Et en gagnant au sprint ce qui prouvait qu'il savait tout faire... Oui nombreux sont ceux qui regrettent qu'il ne se soit pas fixé davantage d'objectifs, il serait probablement devenu un Eddy Merckx avant Eddy Merckx. Mais ils peuvent toujours regretter : Merckx voulait tout gagner, c'était un "cannibale",

Anquetil en avait fait son métier, il choisissait les courses qui pouvaient lui rapporter le plus, en l'occurrence le Tour de France, le reste.... Ce n'est pas parce qu'il avait cultivé les fraises avec ses parents à Quincampoix qu'il allait courir pour des prunes !

3 à 2 pour RP qui garde un petit avantage mais le Prince des Vikings a redressé la tête, c'est qui le patron ?

Et il attend avec impatience le rendez-vous du premier contre-la-montre, 20,8 km entre Hyères et Toulon pour remettre... les pendules à l'heure ! "Poupou" va faire mieux que résister. Anquetil gagne l'étape bien sûr, et empoche les 30 secondes de bonification, mais Raymond devance des rouleurs patentés comme Altig, Bracke, Adorni ou Nijdam, et termine deuxième à seulement 36 secondes. Avec 10 secondes de bonification, il limite les dégâts. Mais les chiffres sont là, Anquetil désormais, le précède de 32 secondes au général. Oui ce Tour va se jouer à coups de secondes, et le suspense va durer jusqu'à l'ultime... minute !

À mi-Tour, égalité parfaite 3 à 3 !

Le Tour souffle un peu ce 5 juillet, et s'accorde une journée de repos dans la principauté d'Andorre où l'Espagnol Julio Jiménez, la veille, a triomphé en grimpeur et en solitaire.

C'est alors que va se jouer le grand acte II, scène 3 plein de rebondissements de cette fantastique tragicomédie cycliste. Durant ce jour de repos, Radio-Andorre organise un grand méchoui à l'intention des organisateurs et des suiveurs. Pour lui changer les idées, parce qu'il en a bien besoin, la (mauvaise) prédiction d'un mage le turlupine, Raphaël Géminiani, son directeur sportif et Janine, sa femme qui a eu le droit exceptionnellement de venir le rejoindre, emmènent Jacques à la fête. Ils ont la réputation d'être de bons vivants et ils font honneur au festin. Une photo célèbre fera le tour des journaux, où l'on voit les deux hommes, ainsi que Janine, mordre joyeusement dans un morceau de mouton, sans se priver de goûter la sangria qui l'accompagne.

Janine Anquetil qui vit en Corse avec sa fille Annie et sa petite-fille Sophie et qui vient de fêter ses 90 ans avec un double whisky, sa dose habituelle, me raconte : « Jacques était un faux calme. On le disait froid, en réalité c'était un anxieux. Superstitieux aussi. Tous les jours il me téléphonait et ne pouvait s'empêcher de penser à cette prédiction, à cette 14e étape. Plus que cinq jours... plus que trois jours... », me répétait-il. Daniel Dousset son manager avait organisé pour trois femmes de coureurs, Mesdames Altig, Stablinski et moi, un tour de France d'une chaîne de magasins d'alimentation où nous allions dédicacer des photos. Je devais être à Toulouse le jour fatidique. J'y ai renoncé pour passer la journée de repos à Andorre et suivre la fameuse quatorzième étape. Nous avions fini tous les deux par y croire, à cette prédiction, et je voulais être là. Raphaël Géminiani avait demandé à Jacques d'aller rouler avec les autres coureurs.

« Le jour de repos est fait pour se... reposer avait répliqué Jacques ! T'as vu le parcours de demain, après la montée du col d'Envalira, on descend jusqu'à Toulouse, et il y a 170 kilomètres ! Personne ne va attaquer au départ ! Et nous étions partis tous les trois, Jacques, Gem et moi, partager le méchoui des journalistes. Jacques adorait la viande rouge... et il a bu deux ou trois verres de sangria, ce n'est pas cela qui pouvait lui faire du mal. Et il n'y a rien eu d'autre non plus entre nous comme certains l'ont dit, Gem qui se méfiait, ne nous a pas quittés de la journée. »

Pendant ce temps-là, Poulidor, lui, a fait un peu de vélo le matin puis il s'est conformé aux conseils de son directeur sportif Antonin Magne, il ne quitte pas sa chambre, il se repose, il emmagasine des forces. « Le Tour se gagne au lit », disait aussi Fausto Coppi. Sa femme Gisèle, elle, n'est pas venue, elle s'occupe de sa petite Isabelle qui n'a que deux ans et demi et qui aura, deux ans plus tard, une petite sœur Corinne qui épousera un jour un beau et brillant coureur néerlandais, Adrie Van der Poel, et de ce couple naîtront deux jeunes champions Mathieu et David. C'est une histoire familiale plus simple que celle d'Anquetil... même si un détail est assez amusant aujourd'hui : Gisèle Poulidor est née... Bardet « et comme ils étaient nombreux du côté de mon père, m'explique-t-elle, ils se sont peut-être dispersés entre le Limousin et l'Auvergne et il y a peut-être des liens entre Romain l'Auvergnat d'AG2R La Mondiale et moi. Cela me fait tout drôle quand j'entends son nom. » Romain, Bardet... cousin par alliance de Raymond Poulidor ?

Le lendemain, alors que les coureurs s'élancent sur la route du Port d'Envalira, une escalade assez longue mais pas trop pentue, Jacques Anquetil donne très vite des signes inquiétants d'une étonnante défaillance. Les Espagnols ont attaqué d'entrée. Poulidor qui a fait quelques kilomètres pour s'échauffer avant le départ, les suit. Jacques lui se traîne en queue de peloton. Le pédalage saccadé, la tête rentrée dans les épaules, le teint pâle du Normand n'ont pas échappé à ses adversaires. Etaient-ils au courant des tourments du Normand ? Sans doute ! En quelques hectomètres, les Poulidor, Bahamontes, Jiménez, Otano, Junkermann, Adorni, sont hors de vue. Au sommet d'Envalira, Anquetil accusera 4 minutes de retard.

Il faut savoir que le fameux méchoui n'est pour rien

dans la défaillance du Normand. Il a surtout posé pour la photo, il n'est quand même pas fou au point de risquer de perdre le Tour de France pour un excès de table ! Il est très perturbé, comme on l'a vu, en revanche, par les prédictions du "mage Belline", un voyant à la mode, qui écrit dans les colonnes du quotidien *France-Soir*. Il a eu pas mal de clients célèbres comme le mime Marceau ou Maurice Chevalier, et il a annoncé – c'est un fait avéré – le suicide de Marilyn Monroe et l'assassinat de Kennedy. Belline a prédit qu'Anquetil abandonnerait et risquait même la mort dans la quatorzième étape du Tour. Anquetil raconte : « J'ai failli m'arrêter à 6 kilomètres du sommet. Dès le début de l'ascension, je n'étais pas à l'aise, je vivais dans un cauchemar. Un astrologue avait prédit que j'allais abandonner dans cette étape... même si cela peut paraître ridicule, ça m'a travaillé pendant plusieurs jours. Et quand j'ai vu que ça ne tournait pas rond, je me suis dit : ça y est, il avait raison. » Son équipier, l'excellent grimpeur marseillais Louis Rostollan, qui portait bien ce jour-là son surnom de "Pétrolette" reste à ses côtés. « Je suis complètement nase, je m'arrête, m'a dit Jacques. À quoi j'ai répondu : Merde ! Souviens-toi que tu t'appelles Anquetil ! »

Démarre alors l'opération sauvetage. « Je l'ai poussé tant que j'ai pu, se souvient Rostollan. Au bout d'un moment, la voiture de Jacques Goddet s'est approchée et le directeur du Tour m'a engueulé... » Rostollan insiste : « Pour échapper aux sanctions, j'ai alors dit à Jacques d'écarter le coude, j'en ai fait autant, j'ai passé mon bras sous le sien et je l'ai traîné ainsi sur un kilomètre et demi, peut-être plus... » Mais Jacques Goddet, selon lui, est revenu à la charge : « Vous croyez que je ne vous vois pas ? Et il a menacé de nous mettre hors course. Moi je lui ai répondu : j'ai les deux mains sur mon guidon, je ne suis donc pas en faute. » Mettre hors course le quadruple vainqueur du Tour de France... la direction du Tour aurait-elle osé ? Sans doute pas, et la gêne rétrospective de Jacques Goddet est compréhensible : « Les gestes de Rostollan étaient des gestes amicaux, de réconfort, et n'avaient aucune efficacité sportive. »

N'empêche, Anquetil n'écopera que de 15 secondes de pénalité. Une bien grande clémence pour un col escaladé presque entièrement "à la poussette" ! Un coureur moins prestigieux aurait-il été pénalisé davantage ? Encore des secondes – ou des minutes ? – dont aurait pu bénéficier Poulidor ! Anquetil s'est refait un moral : « Je n'avais plus qu'une idée : me lancer à corps perdu à la poursuite, il pouvait bien arriver quoi que ce soit, ce serait la destinée. À ce moment-là, j'avais choisi le risque. »

Une descente à tombeau ouvert et en plein brouillard commence pour Anquetil dans la roue de Rostollan qui raconte : « Dans un virage le petit grimpeur allemand Kunde est tombé. Pour l'éviter j'ai freiné et pris une trajectoire à l'extérieur. Jacques, lui, a plongé à la corde et je ne l'ai plus jamais revu, je n'ai pas pu le suivre, je l'ai laissé filer, j'avais fait mon boulot ! Jacques ne m'a jamais reparlé de cette montée d'Envalira. Il était fier et il voulait effacer ce mauvais moment ! » Anquetil déchaîné a oublié les mauvais augures et dans la descente, il reprend 2 minutes à tous ses adversaires et... une vingtaine d'années au mage Belline qui l'avait enterré bien trop tôt. Finalement le mage avait-il eu en partie raison en annonçant un "accident" qui pouvait être cette défaillance ? Ou bien ce passage à vide n'avait-il pas été dû plutôt à l'effet psychologique de la prédiction ? Anquetil avait été plus fort que le mage et le seul "magicien" qu'il respectera durant toute sa carrière sera son magnétiseur Jean-Louis Noyès qui exerçait alors Faubourg-Montmartre, à côté de *L'Équipe*, et qui, par de simples impositions des mains, a contribué à de nombreux exploits de Maître Jacques. Et je remercie encore Jacques de me l'avoir présenté avant mon premier Tour de France: Jean-Louis m'a débarrassé à tout jamais d'une sinusite qui avait perturbé mon adolescence comme je le raconte dans mon livre *Mémoires du Tour de France.*

Dans sa course folle, Anquetil rattrape le groupe des Pelforth resserré autour du maillot jaune. Leurs intérêts sont communs. Anquetil veut rejoindre Poulidor et Groussard sauver son maillot de leader. Sept hommes sont encore devant: Bahamontes, Gilbert Desmet, Junkermann, Otano, Jiménez, Adorni et surtout Raymond Poulidor qui envisage d'endosser enfin ce maillot jaune qui le fuit depuis si longtemps.

Georges Briquet, le chef du service des sports de la RTF venait de prendre sa retraite à 66 ans et je dirigeais à sa place l'équipe de la radio nationale sur le Tour. Monsieur Briquet était venu nous retrouver à Andorre pour le plaisir, pour suivre les étapes des Pyrénées. J'étais sur la moto derrière Poulidor et Georges Briquet avec Jean Bruno, Jean-Paul Brouchon et Roger Cornet devait dans la DS 19 conduite par un super pilote, René Banctel, rester derrière Anquetil. Il était un peu plus de midi et demi. Il y avait 2 minutes d'écart entre les deux groupes. La bataille faisait rage… quand soudain je vois revenir la DS à ma hauteur et Georges Briquet m'inviter fièrement: «Vous venez, on va déjeuner!» Je n'en croyais pas mes oreilles, on était en train de vivre l'un des plus grands moments de l'histoire du vélo et mon "Maître", mon modèle quittait tout cela pour rester fidèle à sa réputation de roi des commentateurs et de prince des gastronomes. « De toutes façons, ne vous inquiétez pas, tout va se regrouper! » Et il avait raison Monsieur Briquet…

La poursuite a duré plus de 80 km et Anquetil a rejoint Poulidor et Groussard a sauvé son maillot jaune.

On s'achemine maintenant vers une probable arrivée au sprint, Toulouse n'est plus qu'à 24 kilomètres et les coureurs récupèrent de ces trois heures de folie, en roulant à un train modéré. Quand Antonin Magne décide de faire stopper Poulidor pour changer sa roue arrière qui est voilée. Poupou s'arrête. Son mécanicien change la roue et veut propulser son coureur pour l'aider à redémarrer plus vite, il veut trop bien faire... et précipite Raymond par terre ! À ce moment-là, De Muer et Géminiani foncent prévenir Groussard et Anquetil de l'incident (il n'y a pas encore d'oreillettes !) et le groupe de tête accélère. Derrière, le modeste équipier Robert Poulot est incapable de ramener son leader sur les fuyards, surtout que le vent souffle de trois quarts face... Poupou arrivera plus de 2 minutes après le groupe Anquetil. Il avait longtemps cru être le grand gagnant du jour, il en est finalement le grand perdant !

Antonin Magne a mal dormi la nuit suivante et il s'est longtemps demandé s'il n'aurait pas mieux fait de laisser Poulidor continuer avec sa roue voilée. Voilà un retournement de situation incroyable dans la même journée... et une pierre de plus à l'édifice de la malchance que Raymond semble bâtir chaque année au mois de juillet sur la route du Tour. 4 à 3 pour JA.

Les anquetilistes croient désormais à la cinquième victoire de leur poulain dans le Tour de France. Mais les poulidoristes ne désespèrent pas. Ils ont raison. Dès le lendemain, "l'éternel second" va encore rebondir. Il attaque sèchement dans le col du Portillon, rattrape et distance les Espagnols en tête depuis le départ, Jiménez, Galera, Gabica, et signe à Luchon une superbe victoire en solitaire. En prime, un rapproché magistral au classement général puisqu'il n'est plus qu'à 9 secondes d'Anquetil ! Nouvelle égalité 4 à 4 ! Le duel continue toujours à coups de secondes.

Arrive la deuxième des trois étapes contre-la-montre, disputée du côté de Bayonne sur 42,6 km. Maître Jacques donne sa leçon habituelle, dans son style souple et implacablement efficace. Un ravissement pour l'œil. Un chef-d'œuvre. Poupou limite la casse en ne cédant que 37 secondes. En tenant compte des bonifications, il se retrouve à moins d'une minute (56 secondes) de Jacques Anquetil qui endosse le maillot jaune. Bahamontes est troisième à plus de 3 minutes et demie. La montagne est passée, le Tour se jouera donc forcément entre les deux Français.

Les poulidoristes devraient être contents, leur favori conserve ses chances. Mais au contraire, ils enragent ! Car au trentième kilomètre de l'étape contre-la-montre, Raymond a crevé, la voiture d'Antonin Magne ralentit, le mécano saute avant qu'elle s'arrête, il trébuche et chute dans les pieds de Poulidor en s'empêtrant dans le vélo de rechange ! Poupou repart mais constate que son guidon est tordu. Nouvel arrêt pour tenter avec l'aide du même mécano de le redresser. Quand c'est fait, le mécano pousse Raymond, qui ne s'y attendait pas, a du mal à trouver ses cale-pieds et perd encore un temps précieux... À mi-course, Poupou avait seulement 7 secondes de retard sur Anquetil, et compte tenu du parcours vallonné et plein de virages, il était capable de remporter l'étape. Pas de quoi gagner le Tour, peut-être, mais en additionnant tous ces malheurs qui s'accumulent depuis le départ, qui sait...

Toujours est-il que JA reprend l'avantage 5 à 4.

Ils sont trois qui s'apprêtaient à cueillir le meilleur dans ces superbes montagnes mais ils sont tombés sur les pires... énées, causes de tous leurs malheurs, les trois plus célèbres malchanceux de l'histoire, Eugène Christophe et sa fourche,

René Vietto et son “sacrifice”, Raymond Poulidor et son destin ! Ils n’auront plus jamais envie de chanter avec André Dassary, qui animait le spectacle Europe numéro 1 du soir dans la ville étape avec Dalida, Annie Cordy, Yvette Horner... ”Montagnes Pyrénées, vous êtes mes amours.”

Mais ce n’est pas fini, il reste encore deux étapes décisives : l’ascension du Puy-de-Dôme et la dernière épreuve contre-la-montre, royale, entre Versailles et Paris. Tout peut encore arriver. Qu’est-ce qu’il était bien dessiné ce Tour 64 avec un départ de Bretagne, la terre du vélo, les pavés du Nord, un coucou à la Belgique et un passage par l’Alsace et la Lorraine et une traversée du Jura avant d’attaquer les Alpes. Il saluait les vacanciers de la Côte d’Azur et du Languedoc Roussillon et passait 4 jours dans les Pyrénées avant de respecter la tradition du sprint de Bordeaux avec la victoire d’André Darrigade, et de finir en apothéose comme on va le voir.

“Le duel” titrent tous les journaux. La montée de la dernière chance, en tout cas, pour Raymond Poulidor. Anquetil de son côté sait que s’il résiste dans cette ascension, il aura sauvé définitivement son maillot jaune. Le Puy-de-Dôme commence par cinq kilomètres de pente moyenne à 7 %, se poursuit par un kilomètre de faux plat, et s’achève après la Baraque, par une montée nettement plus difficile de cinq nouveaux kilomètres à plus de 10 %. Il fait une chaleur écrasante et quand ils arrivent au pied du Puy-de-Dôme, les coureurs ont déjà plus de 200 km dans les jambes. Antonin Magne et les Mercier-BP-Hutchinson ont fait leurs calculs : il faut empêcher les échappées matinales pour que Poulidor puisse gagner l’étape, rafler la minute de bonification et conquérir le maillot jaune. Dans ce scénario idéal, Poupou se sent capable de résister à Anquetil dans la dernière étape contre-la-montre du surlendemain...

Côté Saint-Raphaël-Gitane, le calcul est lui aussi fort simple : si Anquetil résiste à Poulidor jusqu’au sommet, ou ne cède que quelques secondes, le Tour sera joué en sa faveur. Et tant mieux si un grimpeur espagnol vient piquer les bonifications ! Le jour J arrive. On n’a jamais vu autant de monde sur les pentes d’un col ! Les deux France sont sur le pied de guerre, toutes banderoles au vent, criant, hurlant, excitées, chacune clamant ses encouragements à son coureur favori, avec quand même à l’applaudimètre un avantage à Poupou. Sur la route écrasée de soleil, Anquetil et Poulidor sont au coude à coude. Anquetil bouche ouverte, regard fixe, tête nue. Poulidor avec sa casquette blanche à barre violine qui se met de temps en temps en danseuse. Anquetil vélo bleu, gants blancs. Poulidor vélo violine, sans gants. Tous les deux les mains aux cocottes de frein, muscles saillants aux bras comme aux jambes, muscles bandés. Géminiani debout dans la première voiture, celle du maillot jaune, son mécano à ses côtés, vélo de rechange sur l’épaule. Je suis à côté de lui sur la moto de France Inter qui va ravir pendant ce Tour de France la première place des radios à Europe numéro 1, j’en serai assez fier. Jacques Goddet a quitté sa voiture, il est sur une moto, juste derrière les deux champions, à côté de l’adjudant Vasseur, sifflet à la bouche pour écarter les spectateurs. Les plans des Mercier sont mis à mal par deux Espagnols qui viennent de s’envoler vers la victoire d’étape, Julio Jiménez, qui va gagner, et Federico Bahamontes… que Poulidor n’a pas pu suivre !

Il a mal choisi sa couronne arrière, avec un 25 dents qui ne lui permet pas de démarrage tranchant… Poupou avait promis à Antonin Magne d’aller reconnaître cette montée, il ne l’a pas fait. Erreur fatale ! Car il aurait vraisemblablement mis 26 dents et décramponné son adversaire beaucoup plus tôt. Et il aurait peut-être pu répondre aux démarrages des Espagnols. Avec des "si"... Toujours est-il que Poulidor ne pourra se défaire d'Anquetil qu'à seulement 950 mètres du sommet. Le Normand commence à craquer et laisse son rival prendre un mètre, puis deux, puis trois... « Je ne pouvais pas aller plus vite », confiera Poulidor. Il franchit la ligne d'arrivée épuisé. On attend. Pas d'Anquetil. Et voilà Vittorio Adorni qui a donc dépassé le Normand... Immense vague d'espoir chez les poulidoristes... mais le maillot jaune apparaît enfin, là-bas, au début du replat de la ligne d'arrivée. Il franchit la ligne 42" après Poulidor, 42" perdues en moins d'un kilomètre et s'écroule contre le capot de la voiture de Géminiani. Les témoins entendent alors ce dialogue bref et tranchant : Anquetil, haletant : "Combien ?" – Géminiani : "14 secondes" – Anquetil : "J'en ai 13 de trop".

Peut-être, mais Poulidor marque un point et à la veille de l'arrivée à Paris, le *mano a mano* se poursuit, égalité parfaite 5 à 5 et parfait symbole de ce Tour d'exception.

Le soir à Clermont-Ferrand, place des Carmes, c'est la fête chez Nayou le copain de Géminiani, supporter d'Anquetil et on chante et on boit et on danse avec Dalida qui vient d'animer le spectacle du Tour, et qui avait même pu suivre quelques kilomètres de l'étape sur une moto en empruntant *incognito* la combinaison, le casque et l'appareil photo de Jacques Boislème le célèbre photographe de *L'Équipe*. En ce temps-là les femmes n'étaient pas autorisées dans la course !

Quand on connaît Jacques Anquetil, on peut être certain que sa réflexion n'est en aucun cas méprisante pour Poulidor. Jacques sait ce qu'il vaut et sait ce qu'il fait. Il estime simplement que les 27,5 km de l'ultime contre-la-montre Versailles-Paris lui permettront de gagner le Tour. Et c'est ce qui va se passer. Poulidor vendra chèrement sa peau, en réalisant un parcours admirable, ne rendant que

21 secondes au maillot jaune. Mais c'est encore trop. J'ai innové dans cette étape en commentant la course dans l'avion de France Inter, un Pilatus Porter capable de voler à basse altitude et à faible vitesse. Je pouvais mesurer en permanence l'écart entre Anquetil et Poulidor. Quel régal ! Pas besoin de GPS !

Poulidor a tellement bien roulé, s'est tellement investi dans cette étape, qu'il n'est pas tellement surpris quand, au bord de la piste du Parc des Princes, des journalistes lui annoncent qu'il a gagné... Raymond est déjà tout ému... mais mes confrères se sont trompés dans leur chronométrage. J'ai pris moi, les temps exacts, après avoir récupéré ma moto à l'aéroport de Villacoublay. Je traverse en courant la pelouse du Parc quand Jacques Anquetil y pénètre, je me taille un passage dans la forêt des micros et j'annonce à Poulidor : « Alors Raymond, encore deuxième, vous êtes battu, vous perdez 20 secondes aujourd'hui. » Poupou est KO debout. J'entends encore sa voix incrédule et désolée : « Mais c'est pas possible... c'est pas possible... on m'a dit que j'avais gagné, tout le monde me dit que j'ai gagné. » Il est des informations qu'on aimerait parfois ne pas donner... « Tu m'as fait vivre l'un des instants les plus pénibles de ma carrière. Oui tu m'as vraiment privé de dessert », sourit encore Poupou quand on en reparle le matin en prenant un café au village départ sur le stand LCL où Poulidor est fier depuis des années de se montrer... tout de jaune vêtu !

Anquetil a tenu son pari : il a réalisé le doublé Giro-Tour dans la même saison, et gagné le Tour pour la cinquième fois. Un record égalé par Merckx, Hinault, Indurain, et qui n'est toujours pas battu puisque les 7 succès de Lance Armstrong comptent pour du beurre.

Au moment des récompenses, le public acclame beaucoup plus le deuxième que le vainqueur. Il se reconnaît dans ce Poulidor « qui n'a pas de chance ». Pour Anquetil c'est autre chose, on l'admire mais il roule en solitaire, là-haut, dans l'Olympe des champions d'exception, là où le commun des mortels n'a pas sa place. S'ils savaient, tous ces gens, que cette froideur de Jacques cache en fait une grande timidité. Aussi, quand les spectateurs réclament un tour d'honneur des deux champions côte à côte, le cœur des deux rivaux bat à l'unisson pour des raisons différentes, et sans doute aussi fort qu'au sommet du Puy-de-Dôme.

« Finalement c'est très bien comme cela, conclut Raymond Poulidor à qui pour une fois Jacques Anquetil, en s'éclipsant beaucoup trop tôt, mais vingt-trois ans après les prédictions maléfiques de Belline, a laissé le dernier mot, Jacques était tellement fier qu'il ne pouvait pas accepter que je le batte, et moi j'ai profité toute ma vie de cette réputation d'éternel second. Je suis sûr que je ne serais pas resté aussi célèbre aussi longtemps, si j'avais gagné le Tour. »

Chapitre 15

Le Cannibale dévora tout le monde...

C'est la fille de Christian Raymond, son coéquipier chez Peugeot à ses débuts professionnels, qui lui a trouvé ce surnom. « Il veut tout gagner il ne laisse rien à mon papa, c'est un vrai cannibale », se désespérait la petite Brigitte.

« Cannibale ? Non ! Mais les gens ne comprendraient pas que je ne gagne pas quand je peux le faire. » Et c'est ainsi qu'Eddy Merckx a remporté 358 des 1 070 courses qu'il a disputées durant ses "années glorieuses" entre 1968 et 1975, plus d'une course victorieuse sur trois. On n'est pas près de revoir un tel palmarès : 5 Tours de France et 34 étapes, 5 Tours d'Italie, 1 Tour d'Espagne, 4 championnats du monde, 7 Milan-San Remo, 5 Liège-Bastogne-Liège, 3 Paris-Roubaix, 3 Flèches wallonnes, 2 Tours des Flandres, 2 Tours de Lombardie, le record de l'heure, soit en tout et pour tout 525 victoires sur route chez les professionnels de 1965 à 1978 !

Quand Eddy Merckx se présente sur la ligne de départ du Tour de France 1969, il contient difficilement une rage... intérieure. Il a gagné cette année Paris-Nice, Milan-San Remo, le Tour des Flandres, Liège-Bastogne-Liège, il domine le peloton, il sait qu'il est le plus fort, qu'il peut gagner à 24 ans son premier Tour de France mais il baisse la tête, il ne "la ramène pas", il reste modeste, il se pose des questions, il a failli ne pas être là.

Merckx est, et sera toujours partagé entre la volonté, la force, le courage de Jules son père et l'éternelle inquiétude de Jenny sa mère.

Il veut absolument frapper fort dès ce prologue de 10 km contre-la-montre disputé à Roubaix. Il échoue à 7 petites secondes de l'Allemand Rudi Altig. Peu importe. Il a ouvert la route en décidant de partir le premier de manière à filer le plus tôt possible à son hôtel pour récupérer et préparer la suite des événements au calme. Oui, du calme, il en avait besoin Eddy après un mois de juin mouvementé. Il portait le maillot rose le 1er juin à Savone et s'apprêtait à remporter le Giro quand il s'est retrouvé positif à un contrôle antidopage et qu'il a été exclu de la course. Il écope d'un mois de suspension jusqu'au 1er juillet... alors que le Tour de France part le 28 juin ! Mais tout n'a pas été fait de manière réglementaire dans ce contrôle. La Belgique soupçonne l'Italie d'avoir voulu faire gagner Gimondi. On frôle l'incident diplomatique.

Une contre-expertise d'un nouveau prélèvement se fait dans l'urgence et innocente le champion belge. Mais elle n'a rien d'officiel. « J'avais envisagé très sérieusement de renoncer au cyclisme », avouera plus tard Eddy. La clémence de l'UCI l'en dissuadera heureusement. Car les instances internationales, embarrassées par cette affaire pleine de zones d'ombre, accordent le bénéfice du doute et lèvent la suspension dès le 14 juin. Ouf ! Eddy pourra participer au Tour de France.

C'est heureux, car tout un peuple l'espère comme un

rédempteur ! La Belgique ronge son frein depuis trente ans, depuis la dernière victoire de Sylvère Maes en 1939. Pour ce grand pays de cyclisme, cela commence à faire désordre, ses champions sont abonnés à la deuxième place : Brick Schotte en 1948, Stan Ockers en 1950 et 1952, Jean Brankart en 1955, Marcel Janssens en 1957, Joseph Planckaert en 1962, Van Springel l'année précédente en 1968...

Les Belges attendent donc “le roi Eddy” comme le Messie, et le champion veut venger son honneur. Tout cela nous promet un sacré Tour de France ! On ne sera pas déçu.

Dès le deuxième jour, à Woluwe-Saint-Pierre, où il a passé son enfance – né dans le Brabant flamand à Kiezegem, Édouard serait devenu Ward et non Eddy si ses parents n'étaient pas venus s'installer dans cette banlieue aisée et francophone de Bruxelles – Merckx endosse le premier de ses 96 maillots jaunes à l'issue du contre-la-montre par équipes qu'il remporte avec la Faema ! Cadeau somptueux fait à ses compatriotes. Et premier acte de la revanche. Mais ce que ses supporteurs ne savent pas, c'est qu'Eddy, malgré les apparences, connaît une condition physique précaire, puisqu'il n'a pas pu courir pendant ses deux semaines de suspension. Avec la complicité de son directeur sportif, Guillaume Driessens, il va s'efforcer de masquer sa faiblesse en abandonnant le maillot jaune dès le lendemain à son coéquipier Julien Stevens, vainqueur de la deuxième étape. Et deux jours plus tard, on apprécie l'élégance morale du personnage et le respect qu'il portera toujours à ses adversaires : il n'intervient pas dans la chasse engagée derrière Rik Van Looy échappé, et laisse “l'Empereur d'Hérentals” obtenir sa dernière victoire sur le Tour à Nancy. Une passation de pouvoir, en quelque sorte, entre les deux plus grands champions belges de l'après-guerre...

Mais il piaffe d'impatience notre jeune Eddy, ce qu'il veut c'est ce maillot, ce qu'il aime c'est la victoire, allez, finis les cadeaux, il a retrouvé ses jambes, il passe à l'attaque.

Au sommet du Ballon d'Alsace, il laisse Poulidor, Pingeon, Janssen, Gimondi, Ocana à plus de 4 minutes ! Il récupère la tunique jaune, et ne la quittera plus jusqu'à Paris.

Pour son premier Tour de France, Eddy Merckx va courir avec tellement d'autorité, tellement de panache, qu'il va écœurer tous ses rivaux et forcer encore un peu plus l'estime du peloton et l'admiration du public. Il remporte cinq autres étapes, contre-la-montre à Divonne-les-Bains, à Revel et à Paris, dans les Alpes à Digne en dépit des attaques de Gimondi et Pingeon, et surtout à Mourenx, dans les Pyrénées où il donne un véritable récital. Il avale le col de Peyresourde, franchit le Tourmalet en tête, attaque dans la descente, efface le Soulor et l'Aubisque et arrive seul, avec 8 minutes d'avance, après une chevauchée solitaire de 140 kilomètres ! Mieux que Koblet en 1951 ! On ne trouve plus assez de superlatifs pour saluer son exploit ! *L'Équipe* titre "Merckxissimo" et Jacques Goddet écrit : « Il fait disparaître les grimpeurs typiques, héros d'un passé périmé, il remplace leurs envols gracieux par la faculté de pédaler à vitesse continue, la ligne n'étant alors déplacée que par le mouvement d'épaules qui scande avec précision [...] le coup de pédale sans fin. » Le directeur du Tour salue le "coureur-soleil" et le remercie d'avoir « fait un don de ce prix au Tour de France ».

La déconvenue du Giro est passée, dépassée, oubliée, la route vers Paris ne sera plus qu'une voie triomphale. Au classement général Merckx laisse Roger Pingeon à 18 minutes, Raymond Poulidor à 22 et Felice Gimondi à près d'une demi-heure. Il truste tous les maillots, jaune, vert, montagne, plus le combiné et la combativité, sans oublier le classement par équipes avec la Faema. La victoire totale et absolue, du jamais vu.

C'était mon dernier Tour à la radio, avant de laisser le micro à mon voisin de chambre de la Résidence universitaire d'Antony, Jean-Paul Brouchon, et de traverser la Seine pour aller à la télévision. Je me suis régalé sur la moto de France Inter dans la roue de ce champion d'exception avec qui j'avais sympathisé et entretenais des rapports privilégiés, quand je passais quelques jours au camp d'entraînement des Peugeot de Gaston Plaud à l'Auberge des Gorges du Loup, à Bar-sur-Loup dans l'arrière-pays niçois. La Belgique exulte. Merckx a gagné son premier Tour de France à son premier essai. Il en ajoutera quatre à sa collection. Et chacun a son histoire...

1970, un Tour facile. Eddy gagne le prologue chez Poulidor, malade, handicapé par un zona, il aura tout connu Raymond ! Et il ne cache pas son désappointement quand son coéquipier italien Zilioli lui emprunte le maillot jaune à Angers. Il aurait bien aimé le porter de bout en bout. Il se contentera d'égaler Coppi et Anquetil en réussissant comme eux le doublé Giro-Tour. Eddy se fait plaisir en récupérant ce maillot chez lui à Forest dans la banlieue de Bruxelles, et en gagnant 8 étapes. En particulier celle du Ventoux où il arrive exténué, où il faut le mettre sous oxygène et le rapatrier rapidement vers son hôtel. Il avouera plus tard qu'il en avait un peu "rajouté" pour éviter les interviews et pouvoir récupérer plus rapidement. C'est aussi ça le métier !

1971, un Tour plein de drames, de rebondissements et de suspens. Sa nouvelle équipe, la Molteni, remporte le prologue et cette fois Merckx veut rester en jaune jusqu'à Paris. Mais il en fait toujours un peu trop, il veut gagner contre-la-montre, au sprint, il se mêle aux échappées et il reçoit un premier avertissement signé Ocaña-Zoetemelk au Puy-de-Dôme. Deux jours plus tard, il ne peut pas suivre Thévenet, Ocaña, Zoetemelk et Gosta Petterson dans la Chartreuse. Thévenet gagne à Grenoble et Zoetemelk prend le maillot jaune. Et le fier Ibérique Luis Ocaña, après ces banderilles, porte l'estocade le lendemain dans la côte de Laffrey, dans le sillage du Portugais Agostinho et toujours en compagnie de Zoetemelk et Van Impe. Dans le col du Noyer, Ocaña lâche ses trois compagnons et rallie Orcières-Merlette en 8'43" avant le "Cannibale". C'est le premier échec d'Eddy Merckx !

Après une journée de repos le Belge réplique à sa manière. Scénario incroyable ! C'est ça le Tour de France ! C'est peut-être l'étape la plus ébouriffante de toute l'histoire. Dans la plongée d'Orcières vers Gap, Merckx s'enfuit avec Armani, Paolini, Van der Vleuten et les rois de la descente Aimar et Marinus Rini Wagtmans. À la tête du peloton Luis Ocaña entame une poursuite de... 251 kilomètres, qui durera jusqu'à Marseille que les échappés rallieront à 42 km/heure avec trois quarts d'heure d'avance sur l'horaire et 2 minutes sur leurs poursuivants. Époustouflant ! Mais Ocaña a bien résisté et on ne voit pas comment Merckx pourra rattraper son retard de 7'32" dans les Pyrénées.

Dans la 14e étape Revel-Luchon, l'orage éclate au sommet du col de Mente. Merckx prend tous les risques dans la descente (Eddy n'est pas d'accord, il me le dira plus tard : « Non je ne prends pas de risques, je trouve les bonnes trajectoires, la preuve je ne suis jamais tombé en descente. » Et si c'était tout simplement cela son secret : Merckx sait "faire du vélo !"... mieux que tout le monde.). Ocaña s'accroche à sa roue sous la grêle dans des torrents de boue. Les freins ne répondent plus. Ocaña rate un virage, il tombe, et au moment de se relever, il est percuté par Agostinho et Zoetemelk, la malchance du début à la fin... de...

A jusqu'à... Z. Il s'écroule KO, touché aux reins. Un hélicoptère le transporte à l'hôpital de Luchon. Merckx refuse le soir d'endosser un maillot jaune qui aurait dû rester sur les épaules de l'Espagnol de Mont-de-Marsan. Aurait-il remporté son troisième Tour sans cette chute ? Nul ne le saura jamais.

1972. Poulidor, qui s'était abstenu en 1971, retrouve le Tour à 36 ans, bien décidé à arbitrer le duel inachevé Merckx-Ocaña. Mais ce sont deux jeunes Français qui titillent le plus "Sa Majesté" Eddy. Cyrille Guimard lui vole deux fois le maillot jaune et le bat au sommet du Revard. Thévenet poursuit sa progression en gagnant au Ventoux. Ocaña malade et Guimard qui souffre du genou abandonnent. Gimondi et Poulidor complètent le podium de la quatrième victoire d'affilée du "Cannibale".

1973. Avec 10 étapes de montagne sur 20 le parcours de ce 60e Tour de France n'inspirait pas tellement Merckx qui, après avoir pulvérisé le record du monde de l'heure à Mexico (49,431 km), avait réussi un autre doublé Vuelta-Giro. En battant en Espagne ceux qui allaient prendre les deux premières places du Tour, Ocaña et Thévenet.

Mais on ne connaîtra jamais la conclusion du duel Merckx-Ocaña sur les routes de France puisqu'en 1974 c'est Luis qui à son tour déclare forfait. Eddy remporte son cinquième Tour, il gagne 8 étapes mais « il n'était plus aussi flamboyant, se souvient Raymond Poulidor, je l'ai battu dans la grande étape des Pyrénées en le lâchant dans le Pla d'Adet ».

Poulidor, à 38 ans, s'était trouvé un nouveau supporter... Jacques Anquetil. « Il suivait le Tour pour Europe 1 et il venait me voir tous les soirs en m'encourageant, en me disant que je pouvais battre Merckx, j'étais vraiment surpris... Je n'ai compris que bien des années plus tard : Jacques ne souhaitait pas qu'Eddy égale son record de 5 victoires dans le Tour. »

Et ces 5 Tours victorieux du plus grand coureur de tous les temps se sont achevés sur la bucolique piste de la Cipale dans le bois de Vincennes alors que le quintuplé de Jacques Anquetil a été célébré au Parc... des Princes et celui de Bernard Hinault et de Miguel Indurain sur les prestigieux Champs-Élysées. Tout à fait à l'image du "Cannibale", dominateur mais modeste.

Il sait tout faire Eddy, naturellement. C'est comme s'il récitait une leçon apprise par cœur. Il gagne au sprint, il s'impose contre-la-montre, il triomphe en montagne, pas dans la facilité comme Coppi, moins élégant qu'Anquetil, mais à la Merckx, aplati sur son vélo qu'il écrase comme il écrase ses adversaires.[3] Tout en puissance, ça se devine dans ses jambes, ses cuisses, ses reins, ses bras. Tout en volonté ça se lit dans son regard. Tout en souffrance, on le voit sur son visage grimaçant.

3. « Merckx, Merckx, ce nom résonne comme les coups de marteau que "le Cannibale" assène à ses adversaires pour les écraser » *Mémoires du Tour de France,* Mareuil Éditions.

CHAPITRE 16

... ET LE LIONCEAU MANGEA LE CANNIBALE !

Merckx, déjà mal en point derrière Lucien Van Impe et Bernard Thévenet qui se sont fait la belle, en a le souffle coupé, il termine l'étape comme il peut, à moitié asphyxié. En pleine ascension du Puy-de-Dôme il vient de recevoir un direct au foie balancé par un spectateur imbécile et complètement inconscient.

Il sauve son maillot jaune pour 58 secondes. Thévenet se rapproche, mais le "Roi Eddy" n'a pas encore abdiqué et à tout juste 30 ans, il pense pouvoir s'offrir une sixième couronne sur le Tour de France. Ce serait "Le" record. Mais pour l'heure, les coureurs redescendent à leur hôtel à vélo, Eddy retrouve son agresseur sur le bord de la route, qui nie comme un gamin pris en faute et comme il le fera au procès malgré les images de la télévision qui l'accablent. Le soir, le champion belge accuse le coup, il a envie de vomir. Et comprend mal pourquoi le public lui en veut. Parce qu'il gagne trop souvent ? Pourtant il ne survole pas la course cette année comme naguère même s'il a dépossédé Francesco Moser du maillot jaune qu'il portait depuis le prologue de Charleroi, à la faveur de l'étape contre-la-montre de Merlin-Plage, et accentué son avance dans celle de Fleurance à Auch.

Les Pyrénées confirment cette impression. Zoetemelk, Thévenet et Van Impe lui ont repris du temps dans l'étape du Pla d'Adet. Et voilà que le Puy-de-Dôme lui en fait perdre encore... et pas seulement à cause du coup de poing. On a hâte de voir arriver les Alpes.

Pendant la journée de repos à Nice, le directeur sportif de l'équipe Peugeot-BP-Michelin, Maurice de Muer, a envoyé l'ancien pro Francis Ducreux reconnaître les cols en voiture. Et celui qui organise aujourd'hui le Tour du Faso en est revenu effaré: « Attention les gars, dit-il à Bernard Thévenet, Raymond Delisle, Jean-Pierre Danguillaume et consorts, les descentes des cols de Champs et Allos sont épouvantables, les chaussées bosselées, pleines de poussière et de gravillons, ce sera super dangereux, il faudra rouler au milieu et rester très prudents. Dans la descente de Champs, ajoute-t-il, il y a même des petits ruisseaux par endroits, qui traversent la route. » De Muer conclut: « Alors ne cherchez surtout pas à suivre Merckx s'il se lance dans son numéro de descendeur! Gare à la casse! »

Message reçu. Lucien Van Impe passe en tête aux cols de Saint-Martin et de la Couillole, histoire de marquer des points au classement du meilleur grimpeur dont le leader, cette année pour la première fois, porte un maillot distinctif, blanc à pois rouges. Dans le col de Champs, les gravillons sont là en effet, qui valent une crevaison à Bernard Thévenet et Francesco Moser... qui doivent laisser partir Eddy Merckx, Lucien Van Impe, Joop Zoetemelk et Felice Gimondi, leurs adversaires directs au classement général. Bien aidé par Raymond Delisle, Thévenet recolle au groupe de tête avant d'aborder le col d'Allos. Les équipiers de la Molteni, Deschoenmaecker et Janssens, assurent un train soutenu afin d'éviter les attaques dans la montée... et soudain Merckx se dresse sur ses pédales et place un démarrage foudroyant ! Mais il n'est parti qu'à un kilomètre du sommet, et ses compagnons parviennent à limiter les dégâts, du moins pour Bernard Thévenet qui passe avec 8 secondes de retard, et Gimondi une quinzaine.

De Muer avait vu juste, sa prédiction se confirme : le maillot jaune descend le col à toute vitesse, trouve les bonnes trajectoires et augmente son avance à chaque virage. Le Cannibale a passé toute sa carrière à attaquer, toujours attaquer... mais cette échappée en descente c'est peut-être un aveu de faiblesse, comme s'il voulait se donner une marge plus importante avant d'aborder les grands cols alpins des deux prochains jours. En tout cas, il descend « à tombeau ouvert » et « sans prendre de risques », puisque c'est lui qui le dit. Mais il en fait prendre à ses adversaires et même aux suiveurs. La voiture du directeur sportif de Gimondi plonge dans le ravin. Beaucoup de peur, pas trop de mal.

La folle descente s'achève, on aborde maintenant la montée vers Pra-Loup. Merckx est seul en tête. De son côté Bernard Thévenet a dû laisser partir Felice Gimondi, et il est rattrapé par Zoetemelk et Van Impe. À 6 kilomètres de l'arrivée, le Français compte 1 minute et 15 secondes de retard. Mais soudain, que se passe-t-il ? Le style de Merckx se fait plus heurté, il se met "à pédaler avec les épaules", il ne parvient plus à enrouler le gros développement qu'il affectionne en montagne. Dans *L'Équipe*, Pierre Chany écrira : « Il n'avance plus ; guère plus vite en tout cas qu'un facteur de campagne. » Certes la pente est très sévère, mais visiblement aujourd'hui Merckx n'est pas à son affaire. Il met toute son énergie dans ses efforts saccadés. L'énergie du désespoir. Dans aucun des grands Tours qu'il a gagnés, France, Italie, Espagne, il n'a jamais été remonté quand il s'est échappé. Jamais ! Et même dans les autres courses... Si, une seule fois en 1971 dans Liège-Bastogne-Liège, il avait fait 92 kilomètres seul devant, et à la suite d'un coup de fatigue, il avait vu revenir Georges Pintens. Soit, mais il l'avait battu au sprint. Au pire il en sera de même aujourd'hui. D'ailleurs personne ne l'a remonté... Oh mais si ! Voilà un coureur... C'est Gimondi ! L'Italien le dépasse sans réaliser ce qui se passe, on a tellement l'habitude de se faire lâcher par le roi Eddy qu'on n'a jamais vraiment imaginé le contraire, surtout dans la montagne.

Mais ce n'est pas là que se joue ce Tour de France. Car si Gimondi roule en tête, à quatre kilomètres du sommet, il a quasiment 9 minutes de retard sur Merckx au classement général et a bien peu de chances de le détrôner. Tandis que derrière, la menace est précise, trois hommes roulent encore ensemble : Zoetemelk, Van Impe et Thévenet. C'est ce jour-là que Bernard devient "Nanard", ce surnom qu'il entend hurler par les milliers de spectateurs. Il ne comprend pas tout de suite, puis finit par comprendre qu'il est en train de revenir sur Gimondi qu'il pense être toujours derrière le maillot jaune. Un instant, il envisage de terminer deuxième du Tour de France. Derrière Merckx, ça vaut presque une victoire, non ? Il n'en peut plus, mais trouve encore des forces pour lâcher ses deux compagnons l'un après l'autre. Ah ! Voilà Gimondi... non... pas possible ! c'est Eddy Merckx ! Bernard n'en croit pas ses yeux, et trouve en lui de nouvelles ressources. S'il a rejoint le maillot jaune, il peut aussi le distancer. II serre les dents, se met de l'autre côté de la route pour que Merckx n'essaie pas de prendre sa roue et il porte une accélération assassine. Merckx reste assis sur sa selle, ne peut répondre, laisse s'envoler le coureur au maillot à damier, le Peugeot, le "lionceau" Thévenet. Et "Nanard", du coup, prend la mesure de l'exploit qu'il est en train de réaliser : il peut prendre le maillot jaune à l'invincible, devenir légende à la place de la légende ! Il accélère encore, appliqué, les mains en haut du guidon, le regard volontaire fixé droit devant lui. Bientôt la silhouette de Felice Gimondi apparaît au loin, puis se rapproche... Thévenet l'avale à un kilomètre du sommet. L'Italien était persuadé de remporter l'étape. Mais c'est le Français qui l'ajoute à sa collection, c'est sa septième victoire dans le Tour. Mais celle-là dégage une tout autre saveur, car elle lui permet d'endosser le maillot jaune!

Tout cela je vous le raconte, comme je l'ai reconstitué par la suite, car je commentais en direct sur TF1 et, comme les téléspectateurs, je n'ai pas vu la moitié de ces instants historiques. Il n'y avait alors qu'un hélicoptère, une moto caméra et une moto commentateur avec Bernard Giroux. Quand la voiture de Gimondi a plongé dans le ravin, l'accident avec les graves conséquences qu'il comportait a pris le dessus sur la course et l'hélico s'est positionné au dessus pour filmer cette scène, Giroux est resté sur place, pendant que la moto caméra de Jacques Laviron suivait Merckx. Malheureusement, il y a eu une rupture d'image au moment où Gimondi a doublé le maillot jaune et sur la ligne d'arrivée, devant un petit téléviseur en noir et blanc, avec mon consultant Roger Pingeon, nous ne comprenions pas ce qui se passait quand nous avons vu Thévenet rattraper... Gimondi, qui se retournait et se demandait, lui, où était passée sa voiture, alors que l'on s'attendait à voir Merckx...

Eddy ne cherchera jamais d'excuses mais il était encore marqué ce jour-là par le coup de poing du Puy-de-Dôme.

Les "Vas-y" et les "Vive Nanard" vont exploser sur la route jusqu'à Paris. Le phénomène est né sur les pentes de Pra-Loup. La France a trouvé son héros de juillet, et la passion va tourner au délire dès le lendemain de cette folle journée, quand revêtu du maillot jaune pour la première fois, Bernard va s'offrir une deuxième victoire d'affilée à Serre-Chevalier, malgré une vaillante tentative d'Eddy Merckx dans la descente de Vars. Il s'impose définitivement dans le mythique Izoard, salué par le souvenir de Coppi et

Bobet, en laissant son rival à 2 minutes et 22 secondes. La partie est jouée, Bernard Thévenet gardera son précieux maillot jaune jusqu'à Paris.

Dans le *Face au Tour* qui suivait l'arrivée de l'étape d'Avoriaz et la fin des Alpes, j'ai pu réaliser l'interview la plus pathétique de toute ma longue carrière de reporter avec un interlocuteur exceptionnel, un champion blessé, fourbu et battu. Au départ de Valloire, Merckx s'était accroché avec le Danois Ole Ritter, sa tête avait heurté violemment le bitume, il souffrait d'un gros hématome et d'une fracture du maxillaire. Il parlait lentement sur un ton meurtri, encore essoufflé. Je résume cet entretien de cinq minutes visible dans les archives de l'INA... et qui... résume tout Eddy Merckx, le champion et l'homme :

« J'ai énormément souffert avec le soleil, je ne savais plus où j'étais, j'étais commotionné, j'ai vomi et craché du sang, le docteur m'a conseillé de m'arrêter, mais ce n'est pas mon intention, et je veux continuer jusqu'à la fin. Il faut savoir souffrir, c'est un métier où l'on souffre beaucoup.

– Mais vous êtes fou de prendre autant de risques !

– Je ne suis pas fou sur mon vélo, je crois que dans la descente je ne prends aucun risque parce que je sais très bien ce que je fais. Disons que je suis désavantagé par mon poids dans les côtes et qu'en revanche je suis avantagé dans les descentes. Je crois que je connais assez bien mon métier, je n'ai encore jamais raté un virage, c'est donc que je ne prends pas de risques, je vais vite bien sûr mais c'est mesuré.

– Pour la première fois vous êtes battu, je vous pose la question que je ne devrais pas vous poser dans votre état, est-ce la fin du grand Eddy Merckx ?

– La fin d'Eddy Merckx ? On en parle depuis longtemps. Avec ce que j'ai gagné cette année et ce Tour, il y en a beaucoup qui s'en contenteraient. »

Et Bernard Thévenet est venu nous rejoindre et Eddy lui a rendu hommage :

« – Je crois que je suis un homme comme les autres, mais depuis dix ans, je suis sur la route de février à novembre alors qu'il y en a beaucoup qui se réservent pour le Tour de France. Dans ma carrière, je n'ai jamais eu de cadeaux, j'ai toujours roulé seul pour gagner, je suis aujourd'hui battu par plus fort que moi, je l'admets. Thévenet est un redoutable grimpeur, dans ce Tour fort montagneux il était plus avantagé que moi, mais c'est la course. »

Bernard Thévenet aura le privilège d'être le premier vainqueur sacré sur les Champs-Élysées et de recevoir son ultime maillot jaune des mains du président de la République, Valéry Giscard d'Estaing.

Trois mois plus tôt, en direct sur TF1 dans le JT de 13 heures d'Yves Mourousi – qui a eu l'idée de cette arrivée – j'avais fait faire une répétition du circuit élyséen à Bernard et à une dizaine de coureurs et j'avais commenté comme "pour de vrai"... « et Thévenet remporte le premier Tour de France sur les Champs-Élysées ».

Heureux présage !

Au terme d'une belle bagarre, un lionceau avait fini par dévorer le "Cannibale".

Chapitre 17

Hinault, Fignon, LeMond... le grand chambardement Je t'aime... moi non plus !

Quand Bernard Thévenet reçoit son deuxième maillot jaune sur les Champs-Élysées des mains du maire de Paris Jacques Chirac, le 24 juillet 1977, personne ne se doute que l'on est en train de vivre la fin d'une époque. C'est la fin du "merckxisme". Eddy Merckx, sixième, dit adieu au Tour de France. Et un jeune coureur arrive à grands coups de pédales et d'ambitions. Il va bientôt succéder au "Cannibale" dans le Gotha des superstars, mais aussi contribuer à révolutionner le cyclisme professionnel. Son nom : Bernard Hinault.

Il n'a pas couru ce Tour 1977, mais les spectateurs et téléspectateurs ont quand même pu le voir et l'encourager car je connaissais ses talents et j'avais eu l'idée de lui faire parcourir les étapes 24 heures avant la course, pour l'aider à découvrir le Tour et pour livrer chaque jour ses impressions dans le JT d'Yves Mourousi à 13 heures sur TF1. La direction du Tour voulait absolument voir le jeune champion faire ses débuts dans la Grande Boucle, mais Bernard faisait confiance à son mentor Cyrille Guimard qui lui avait tracé un plan de carrière précis. Le Tour était à son programme, mais pour l'année suivante, pas question de "griller" son coureur. Félix Lévitan était furieux ! Et au vélodrome de Roubaix, par exemple, il a envoyé le commissaire général du Tour le colonel Taurant, sur la tribune des commentateurs TV pour en chasser Hinault qui se trouvait à mes côtés. J'ai dû retenir Bernard avant qu'il ne déclenche son direct du droit ! Ce jeune homme a du caractère !

C'est donc en 1978 que l'autre "Nanard" du cyclisme français fait ses débuts sur le Tour. Le 18 mai, Eddy Merckx a annoncé qu'il s'arrêtait de courir. Quatre jours plus tôt, Bernard Hinault, à 23 ans, avait endossé son premier maillot jaune, ou plutôt *amarillo*, celui du Tour d'Espagne, malgré la coalition des coureurs ibériques et l'hostilité d'un public tellement excité, qu'on annulera la dernière étape contre-la-montre ! Un nouveau règne commence. Il roule, il grimpe, il sprinte, il a tout pour plaire ! Et comme il est le meilleur, et bien ! il le montre et prend le départ du Tour revêtu du maillot de champion de France, tout neuf, qu'il mettra du temps à échanger contre son premier vrai maillot jaune à Nancy, trois jours seulement avant l'arrivée à Paris. Il a gagné au passage deux étapes contre-la-montre et le sprint du peloton à Saint-Étienne devant la crème des finisseurs. Il remporte son premier Tour de France à sa première participation. Comme Coppi, comme Anquetil, comme Merckx.

À la Hinault tout simplement ! Cabochard et teigneux, on a eu aussi la confirmation de son tempérament à l'arrivée à Valence de Agen, quand il a mis pied à terre et pris fièrement la tête de la grève des coureurs pour protester contre les horaires insensés, les départs matinaux, les arrivées tardives, les trop nombreux transferts entre les étapes. La suite de sa carrière sera émaillée de ces coups d'éclat et de ces "coups de gueule" contre, par exemple, l'anachronisme et les dangers, selon lui, de Paris-Roubaix, mais aussi à travers des exploits comme ses chevauchées dans le Tour, le Giro ou dans ce Liège-Bastogne-Liège 1980 dantesque où il triomphe sous la neige après 90 km d'échappée solitaire.

Cet Hinault-là va nous faire plaisir encore longtemps. Deuxième Tour de France, deuxième victoire après un duel sévère avec Joop Zoetemelk. Il remporte les quatre courses contre-la-montre, et la grande étape pyrénéenne. Il va aussi s'approprier les classements par points et par équipes et gagner sur les Champs-Élysées vêtu du maillot jaune, du jamais vu! Dans ce cyclisme où l'on commence à compter les secondes au lieu des minutes d'autrefois, c'est sa manière à lui de forger sa propre légende. Rien ne l'obligeait à attaquer pour pénétrer en tête sur les Champs, c'est pourtant ce que sa fierté et son panache l'ont poussé à faire et seul Joop a pu le suivre. 1er Hinault, 2e Zoetemelk sur la ligne d'arrivée comme au classement général.

Tout à sa logique naturelle Bernard me dira: « C'est quand même normal pour le public que le vainqueur... termine premier! »

Encore faut-il pouvoir le faire!

Son entente avec Cyrille Guimard porte ses fruits. En quelques années, son palmarès égale celui des plus grands, dans les classiques comme dans les grands tours.

1980. Il a déjà gagné Liège-Bastogne-Liège, le Tour de Romandie et il est devenu le deuxième Français après Jacques Anquetil à remporter le Tour d'Italie. Il est archi favori du Tour de France. Et il endosse le maillot jaune à l'issue de la neuvième étape contre-la-montre, à Laplume, près d'Agen. Tout va bien. Sauf que...

Sauf que Joop Zoetemelk et trois autres coureurs l'ont battu dans ces 51 km en solitaire, ce qui est assez surprenant. La faute à cette satanée tendinite au genou droit qui le handicape de plus en plus et l'oblige à pédaler en canard. En attendant, le Hollandais s'est rapproché à 21 secondes au classement général. Il y a le feu ! Il court comme il peut l'étape du lendemain, jusqu'à Pau, et puis sème une véritable panique dans le peloton... des journalistes qui apprennent vers 23 heures qu'il aurait rencontré les directeurs du Tour et aurait disparu de la circulation. Je n'ai pas fini mon foie gras poêlé à Artiguelouve, et je suis revenu en vitesse à l'hôtel Continental. La chasse au "Blaireau" est ouverte. Personne ne le trouve. En fait, il a dormi à Lourdes chez son coéquipier Hubert Arbes. Il quitte le Tour, victime de cette gonalgie que son directeur sportif Guimard a connue avant lui. En 1972, pour mieux résister à Merckx dans la montagne, Cyrille avait monté sur son vélo des manivelles plus longues, et changé ainsi son angle de pédalage. Il avait remporté deux étapes dans les Alpes mais avait dû abandonner deux jours plus tard.

À près de 34 ans, débarrassé de son principal adversaire, le Hollandais de Germigny-l'Évêque, Joop Zoetemelk gagne enfin ce Tour de France après lequel il court depuis dix ans. Bernard, quant à lui, va soigner son mal, récupérer des forces et devenir champion du monde à Sallanches au terme d'une véritable démonstration de force, d'un *One Man Show* superbe, encore une fois "à la Hinault". Unique !

1981, 1982. Il gagne encore deux Tours de France, facilement, il réussit le doublé Tour-Giro et enrichit son palmarès d'un Paris-Roubaix, d'une Amstel Gold Race, d'un Grand Prix des Nations et de quelques autres grandes courses. En 1983, il remporte la Flèche wallonne et personne ne voit qui pourrait l'empêcher d'égaler dans le Tour, le record de cinq victoires d'Anquetil et Merckx.

Mais la maudite tendinite s'est réveillée dans la Vuelta qu'il gagne pour la deuxième fois, grâce à son coéquipier Laurent Fignon et à son courage, en pédalant d'une seule jambe, car il souffre terriblement du genou droit. Il doit se faire opérer, il renonce au Tour. Guimard le remplace à la tête de l'équipe Renault-Gitane par ce jeune et prometteur Laurent Fignon, 22 ans, aux allures de "Grand Duduche" de Cabu, avec ses longs cheveux blonds et ses lunettes. Il n'a pas à le regretter, comme Hinault, Fignon va gagner le Tour à sa première tentative, en profitant, il est vrai, de la chute et de l'abandon du maillot jaune Pascal Simon ! Il ne savait pas ce qu'il valait en montagne, il visait une victoire d'étape, ses jambes aussi solides que celles de Merckx ont fait le reste.

Au mois d'août, Hinault se fait opérer de son tendon douloureux et à la fin de la saison 1983, il quitte Renault pour signer dans une nouvelle équipe. Ses rapports avec Cyrille Guimard se sont dégradés. Deux caractères entiers. Deux tempéraments exclusifs. Deux Bretons têtus. Deux hommes de commandement. Ça devait éclater un jour ou l'autre ! Au soir du Grand Prix des Nations (gagné cette année-là par le Suisse Daniel Gisiger devant un certain Américain de 22 ans nommé Greg LeMond, tout nouveau et inattendu champion du monde sur route), un duo surprenant apparaît à la télévision : Bernard Hinault et l'homme d'affaires Bernard Tapie. Les deux Bernard annoncent une nouvelle qui va précipiter le cyclisme professionnel dans une autre galaxie.

Présentés l'un à l'autre par le pittoresque et omniscient Jean de Gribaldy, ancien coureur, directeur sportif, industriel, pilote d'avion de Johnny Hallyday, les deux hommes ont tout de suite trouvé le terrain d'entente. « Pour lui, ce qui comptait avant tout c'était mon image de marque dans l'immédiat », se souvient Bernard Hinault, « et j'appréciais sa franchise car je l'avais prévenu qu'avec mon genou, je ne savais absolument pas si je redeviendrais moi-même un jour sur un vélo ». Tapie finançait, Hinault s'organisait sur le plan sportif, montait son équipe, engageait les coureurs et l'encadrement. Chacun faisait confiance à l'autre. Et Bernard Tapie, en chef d'entreprise, sait que la performance va de pair avec la motivation, mettait un budget sans précédent dans le petit monde du vélo. Il cassait la tirelire. Après lui, les autres équipes seront obligées de faire pareil. Les coureurs cyclistes allaient enfin toucher un salaire convenable et ne plus être les parents pauvres du sport professionnel. Avant Tapie, en effet, seuls les très grands champions gagnaient bien leur vie, et encore loin des stars du tennis, du football ou de la Formule 1.

Voici donc qu'apparaît, en 1984, cette équipe sponsorisée par les firmes que dirige Tapie : La Vie Claire, Look, Terraillon. Le maillot des coureurs rappelle les rectangles multicolores des tableaux de Mondrian, on ne peut le confondre avec aucun autre. Les pédales des vélos, également, font sensation. Avec la collaboration de Bernard Hinault, les ingénieurs de la fabrique de fixations de skis Look ont mis au point des pédales automatiques qui remplacent les antiques "cale-pieds" en usage depuis toujours ! Le fondateur et P-DG de Look, avant le rachat, controversé, de l'entreprise nivernaise par Tapie, Monsieur Beyl, m'avait montré ses premières études au Critérium de la première neige à Val-d'Isère en... 1964 ! Son père courait les Six Jours avant la guerre de 1914, et il voulait faire pour le cyclisme ce qu'il avait si bien réussi pour le ski. La pédale révolutionnaire est inaugurée par Bernard sur le Tour de France 1984, elle sera bientôt adoptée par tout le peloton. Avec le directeur technique helvétique Paul Köchli, les coureurs vont découvrir aussi un autre rapport à leur machine, plus scientifique, plus élaboré, qui préfigure les recherches et les technologies du cyclisme du XXIe siècle. Guimard aussi est un perfectionniste et cette rivalité avec Koechli l'excite. Son palmarès de jeune directeur sportif est plus riche que celui de l'excellent coureur qu'il était. Il a gagné son premier Tour, dès ses débuts chez Renault en 1976 avec Van Impe et il va remporter le cinquième avec Laurent Fignon en 1984. Un podium de rêve avec nos trois héros : 1er Fignon, 2e Hinault, 3e LeMond. Je t'aime moi non plus !

Ils étaient tous les trois dans la même équipe, ils se connaissent par cœur et là l'ancien, Hinault, 30 ans, avec son genou tout neuf, se retrouve adversaire et challenger de Fignon, 25 ans, et de son coéquipier, un jeune Américain de 23 ans, Greg LeMond, paré déjà du maillot arc-en-ciel de champion du monde, qui dort la fenêtre ouverte, Barteau s'est dévoué pour partager sa chambre. Rien de tel pour exciter Bernard !

Égal à lui-même, il gagne le prologue et s'habille en jaune pour narguer les jeunots... et le druide Guimard ! Mais "Filet Mignon" – comme l'avait surnommé une journaliste colombienne au Classico RCN, deux mois plus tôt – et ses Renault, étaient trop forts. Madiot, Jules, Poisson, Menthéour gagnent sur le plat alors que Laurent s'impose contre-la-montre et surclasse tout le monde dans les Alpes. Je commentais sur la moto de TF1 la montée vers Crans Montana. Fignon était échappé avec l'Espagnol Arroyo et je chronométrais l'écart avec Hinault qui traînait LeMond dans sa roue. Une bonne minute à 3 km du sommet. Au moment où je reviens vers les deux hommes de tête, à la sortie d'un virage, je découvre Fignon à 8 ou 10 mètres de l'Espagnol et je m'exclame au micro « Oh là là ! Laurent Fignon vient de se faire décrocher par Arroyo ! » Et pour la première fois dans l'histoire de la télévision, un commentateur a été repris en direct par l'acteur qui l'avait entendu et dont il n'aurait pas dû douter. J'ai eu droit à un « Espèce d'imbécile tu vas voir ! » Il s'était laissé décrocher pour surprendre Arroyo, et il a surgi de l'arrière comme une fusée pour aller cueillir la victoire.

Un sacré caractère, ce Fignon que Greg LeMond connaît bien : « Il est gentil et sympathique... quand il perd, mais insupportable et arrogant quand il gagne ! »

Au pied de l'Alpe d'Huez, Hinault l'avait attaqué : « J'avais même réussi à lui prendre 45 secondes avant de finalement m'incliner. Il marchait comme un avion ce jour-là ! À l'arrivée, il avait déclaré que lorsque j'avais attaqué ça l'avait fait rigoler ! Je ne lui en voulais pas, c'était ce qu'il pensait. Je me promettais seulement d'avoir un jour ma revanche. C'est vrai que sur le vélo on devient hargneux, méchant comme des teignes. Il y a une jouissance terrible à voir son adversaire sombrer. »

La Colombie, qui était surtout une opération de promotion pour Renault, m'avait permis de passer une dizaine de jours avec l'équipe de Guimard et de découvrir la personnalité de Fignon. À la veille de l'arrivée à Bogotá, j'avais dîné avec Cyrille et en rentrant à notre hôtel vers minuit, nous tombons sur Laurent et son coéquipier Christian Corre qui en sortaient. Surprise du directeur sportif. Explication sans complexe du coureur : Il fait trop chaud on n'arrive pas à dormir, on va prendre un verre !

– OK, nous allons avec toi, mais demain il faut que tu gagnes l'étape !

Fignon s'est couché à 2 heures du matin, s'est levé à 5 pour prendre à 8 heures le départ de la dernière étape... qu'il a remportée en solitaire !

Rarement coureur a dominé autant le Tour que Laurent Fignon en 1984. Hinault termine à plus de 10 minutes ! Fini, le Blaireau ? Jamais ! Il récupère de ses efforts du Tour et s'impose dans Les Nations avant d'écraser tout son monde dans le difficile Tour de Lombardie, et de vaincre encore, avec Francesco Moser dans le Trophée Baracchi. Le Blaireau est redevenu lui-même, le Tour 1985, le Tour de la revanche, s'annonce grandiose !

En fait, le duel n'aura pas lieu. Après le genou d'Hinault, c'est le tendon de Fignon qui a cédé. Mal des années 1980. Mais Hinault va devoir compter avec un nouvel adversaire, ce Greg LeMond qui a fini troisième, juste derrière lui, à 1 minute, en 1984. Adversaire ? Pas vraiment, car ils courent désormais dans la même équipe ! Mais ce ne sera pas aussi simple que cela et ils auront plutôt tendance à se comporter en chiens de faïence. Greg a intégré la formation La Vie Claire lorsque Bernard Tapie lui a proposé un contrat mirobolant, signé en dollars, et les dollars il aime ça mon ami Greg ! Objectif : conquérir le marché américain mais surtout, dans l'immédiat, se donner une double chance de remporter le Tour. Avec toutefois une priorité à Bernard Hinault pour lui permettre d'égaler Anquetil et Merckx.

L'an prochain, il sera temps de faire de LeMond une vedette et de "vendre" son histoire aux Américains. Le cyclisme se mondialise de plus en plus. Aux États-Unis, le vélo commence à intéresser le public. Le marché s'annonce colossal. Surtout si on l'attaque avec le meilleur cycliste du monde, Hinault, légende vivante s'il remporte un cinquième Tour de France. Puis dans un deuxième temps, avec le jeune prodige américain, amateur d'enchiladas texano-mexicaines, de burgers et de glaces, champion du monde à 23 ans. Tapie a tout planifié.

Pour 1985 "ça passe", mais de justesse. Hinault a dominé les contre-la-montre et s'est envolé dans les Alpes (60 km d'échappée à Morzine-Avoriaz avec Luis Herrera). Mais à Saint-Étienne, il chute lourdement dans l'emballage final un peu houleux et souffre d'une fracture du nez. N'importe qui aurait abandonné. Pas lui. Dans le Tourmalet, Bernard, victime en plus d'une bronchite, a du mal à respirer. LeMond veut attaquer, Paul Köchli le lui interdit. Au micro de la CBS à l'arrivée de Luz-Ardiden, il fulmine : « Il m'a fait perdre le Tour le jour où je pouvais le gagner. » Hinault et Tapie n'apprécient pas. Mais ils savent que Bernard est encore fragile donc vulnérable, et ils vont passer avec Greg à Vassivière, un accord qui deviendra célèbre : Greg s'engage à rester l'équipier loyal de Bernard jusqu'à Paris, moyennant quoi, Bernard l'aidera à gagner le Tour 1986 ! Ainsi se font les alliances et se gagnent les batailles. Hinault boucle donc son cinquième Tour de France en vainqueur, comme Jacques Anquetil, comme Eddy Merckx.

L'année suivante voit donc, comme prévu, la victoire de Greg LeMond, premier coureur non européen à remporter le Tour de France. Bernard Tapie peut être content mais l'affaire a quand même été chaude. Le tempérament batailleur et la soif de vaincre de Bernard Hinault le font rêver secrètement à une sixième victoire pour détenir seul le record.

Dès le début du Tour, on assiste à une belle empoignade entre Hinault et Fignon dans les étapes normandes et bretonnes, façon "on ne s'aime plus du tout". À Nantes, contre-la-montre, Hinault laisse LeMond à 44'' – tu vois de quel bois je me chauffe ! – et dans la première étape des Pyrénées, il s'enfuit avec Delgado et oblige Greg à jouer les équipiers modèles. LeMond furieux se retrouve à Pau (d'où Fignon malade, ne repartira pas) à 4'36'' du Breton maillot jaune ! Et le lendemain dans la descente du Tourmalet Hinault attaque encore, tout seul, encouragé par Roger Lapébie qui pilote ma voiture et qui aime le panache. Qu'a-t-il dans la tête en se lançant dans cette chevauchée solitaire dans Aspin et dans Peyresourde, avant d'exploser dans la montée de Superbagnères ? Pourquoi entre Nîmes et Gap se glisse-t-il ensuite dans une échappée ? Voulait-il consolider son maillot jaune pour se délier de son serment envers LeMond ? L'Américain est "vert de rage", Hinault répond tout simplement qu'il attaque et qu'il attaquera encore pour fatiguer leurs adversaires et ouvrir une voie royale à LeMond. Bernard Tapie est obligé de calmer les esprits le soir en affirmant que "tout va bien entre les deux champions", et que les Alpes décideront du vainqueur.

Le genou de Bernard, finalement, se chargera de régler le problème. Ce satané genou qui l'a empêché de gagner le Tour 1980. Dans l'Izoard, la douleur le contraint à laisser s'envoler son coéquipier : « Je pleurais sur mon vélo, on aurait dit que mon sang charriait des épines. » Il perd plus de 3 minutes sur l'Américain qui le dépouille de son maillot jaune. Le lendemain, grâce à une séance de mésothérapie, la douleur s'estompe et Bernard repart à l'attaque ! On se croirait revenu à la grande époque des Coppi, Bartali, Bobet et... Zaaf « le casseur de baraque » ! Sa seule tactique c'est l'offensive ! Le vélo c'est l'action ! Hinault a démarré dans la descente du Galibier, officiellement pour mettre à mal leur principal rival le Suisse Urs Zimmermann. LeMond l'accompagne. Quelques hommes seulement – dont le coureur suisse – parviennent à prendre leur roue, mais le rythme d'enfer imposé par les "frères ennemis" les écœure tous les uns après les autres. Les duettistes passent seuls en tête le col de la Croix-de-Fer et se lancent dans une folle descente que je ne suis pas près d'oublier ! Les compteurs des motos dépassent les 100,

110 km/heure, et dans les moments de répit ils roulent côte à côte, bavardent et se partagent tartelettes et blanc de poulet. Le grand amour ! Je t'aime moi aussi ! Et c'est l'ascension de l'Alpe d'Huez. Au sommet des 21 lacets, l'image fait le tour du monde. Greg et Bernard se tiennent par la main, affichent un large sourire, comme André Leducq et Antonin Magne au Parc des Princes en 1938, et franchissent la ligne d'arrivée dans un ensemble parfait. Parfait ou presque, car le Français a quand même donné le petit coup de reins qui lui permet d'engranger une 34e victoire d'étape. Greg a laissé faire : « Paris vaut bien une messe », aurait dit Henri IV, « le Tour vaut bien une victoire d'étape », a sans doute pensé Greg 1er qui poursuit sa progression 3e en 1984, 2e en 1985, 1er en 1986 ! Bernard Hinault a aidé son coéquipier à gagner la Grande Boucle dans cette étape décisive, il a tenu parole...

Mais pour laisser planer un doute – Ah ! si j'avais vraiment voulu ! – Hinault, le 24 juillet 1986, remporte l'étape contre-la-montre de Saint-Étienne, la dernière de sa carrière. LeMond en jaune se prépare lui, à être reçu à la Maison... Blanche !

Comme il l'avait annoncé, Bernard Hinault s'arrête de courir à la fin de cette année 1986 avec le plus beau palmarès du cyclisme français de tous les temps. Laurent Fignon a le champ libre.

En 1987 et 1988, des ennuis de santé l'ont écarté des podiums, mais il a retrouvé ses moyens en 1989, cinq ans après sa dernière victoire dans le Tour. Il fait d'abord sensation en gagnant Milan-San Remo pour la deuxième année de suite, et s'adjuge enfin ce Tour d'Italie qu'on lui a littéralement "volé" en 1984, quand les organisateurs avaient fait gagner Francesco Moser. Il débarque donc sur le Tour avec un moral de vainqueur !

Ses adversaires sont essentiellement l'Espagnol Pedro Delgado, vainqueur l'année précédente et qui vient de remporter le Tour d'Espagne, et l'Irlandais Stephen Roche, le lauréat de 1987. Reste l'énigme LeMond. Car le 27 avril 1987, l'Américain a été victime d'un terrible accident de chasse. Poitrine et abdomen criblés de grenaille de plomb. On l'a cru perdu pour le sport. Et puis, peu à peu, à force de volonté, il est redevenu un homme valide, puis un sportif, enfin un vrai coureur. Il a fait sa rentrée dans ce Tour d'Italie remporté par Laurent Fignon, où il s'est amélioré de jour en jour et a même terminé le dernier contre-la-montre à la seconde place.

C'est ce jour-là que nous sommes devenus amis tout comme j'avais sympathisé avec Hinault dans son avant-Tour 1977 et avec Fignon en Colombie. Personne ne pensait que LeMond pourrait rejouer les premiers rôles. Quand il a terminé sa course, j'étais le seul journaliste à sa descente de vélo pour lui annoncer que son temps était super et qu'il était redevenu le grand Greg! L'épreuve de vérité ne trompe pas!

Avec LeMond les médias américains s'intéressent au Tour, il y a "une histoire" à raconter. Bernard Tapie et ses entreprises n'en profiteront pas vraiment, l'homme d'affaires a quitté le vélo et s'intéresse désormais au football.

Cette édition 1989 sera folle et indécise comme aux plus beaux jours. D'entrée, Pedro Delgado accumule un retard fatal : il n'a pas surveillé sa montre et s'est présenté au départ du prologue avec 2 minutes et demie de retard! Il finit 198e et dernier et accuse déjà plus de 3 minutes de retard sur Breukink, Fignon, Kelly, LeMond, Roche. On n'avait jamais vu dans la même journée un maillot jaune devenir lanterne rouge! Premier test en Bretagne, 73 km contre-la-montre entre Dinard et Rennes. On attendait Fignon... et c'est

LeMond qui s'adjuge l'étape! Pour la première fois, l'Américain a utilisé un vélo avec un guidon de triathlète. Une petite révolution... qui lui vaut de s'installer sur le trône! Avec le sceptre, pardon, le maillot jaune, bien sûr.

Fignon va réagir dans les Pyrénées. Un jeune Espagnol du nom de Miguel Indurain (tiens-tiens), gagne à Cauterets et le lendemain dans la montée vers Superbagnères, Laurent Fignon parvient à décramponner LeMond à 500 mètres de l'arrivée... C'est un certain Écossais, Robert Millar, qui ne pensait sans doute pas encore à changer de sexe, qui remporte l'étape mais Fignon reprend le *yellow jersey* à l'Américain pour 7 petites secondes! Ah si seulement il avait pu prendre 9" de plus ce jour-là! Quatre jours plus tard, dans les Alpes, LeMond reprend son bien après l'étape contre-la-montre d'Orcières-Merlette et il augmente son avance à Briançon. Fignon, qui a lâché prise dans le dernier kilomètre de l'Izoard, pointe désormais à 53 secondes du leader.

Le lendemain dans l'Alpe d'Huez, Laurent Fignon s'aperçoit que Greg n'est pas au mieux. Il le connaît parfaitement, il sait que quand il oscille en montée d'avant en arrière, c'est un signe de fatigue. À 4 km du sommet, Guimard lui dit d'attaquer. Delgado saute dans sa roue, LeMond décroche. Theunisse gagne "l'étape des Hollandais", Delgado et Fignon mettent 1 minute et 19 secondes au maillot jaune. Fignon reprend la tunique de leader!

Mais ce Tour de folie n'est pas fini pour autant! Greg LeMond n'est qu'à 26 secondes. Alors, le lendemain, Laurent attaque encore dans le Vercors. Il lâche encore LeMond dans la montée de Saint-Dizier-de-Moucherotte, et arrive seul à Villard-de-Lans. Il se sent mieux. Il ne voit pas comment LeMond pourrait lui reprendre ses 50 secondes d'avance sur les 24,5 km du contre-la-montre entre Versailles et les Champs-Élysées.

Il reste une étape de montagne. Delgado qui n'est qu'à 2 minutes, se lance dans une attaque de grand style dans la Chartreuse, avec la trilogie des cols de Porte, Cucheron et Granier au menu. Un baroud d'honneur bien dans son tempérament. Mais Fignon, LeMond et Theunisse le suivent. Dans le Cucheron, Laurent semble au-dessus du lot et lâche facilement ses compagnons. Puis il se ravise et décide de les attendre. Il a refait ses calculs, pas besoin de prendre de risques, ses 50 secondes lui suffisent. À l'arrivée à Aix-les-Bains, il se fait battre au sprint par un LeMond rageur. Mais au soir de cette étape, une irritation douloureuse à l'entre-jambes va faire son apparition...

Deux jours plus tard, c'est l'épreuve de vérité. La France entière attend d'acclamer Laurent Fignon pour sa troisième victoire dans le Tour, même s'il n'a pas toujours été de très bonne humeur et si les photographes lui ont décerné le prix Citron ! Trois victoires... comme Bobet. Mais comme Louison aussi, à la veille de l'arrivée du Tour 1955, Laurent devra pédaler en réprimant un cri de douleur à chaque coup de pédale. Avec son guidon de triathlète, son casque profilé et sa position aérodynamique en œuf – comme le descendeur à ski qu'il était avant de faire du vélo – Greg, à plus de 54 km à l'heure de moyenne, a tout d'un extraterrestre comparé à Laurent, cheveux au vent qui pédale de travers et qui a du mal à rester assis sur sa selle. Le Français perd le Tour pour 8 secondes, le plus faible écart de toute l'histoire. Un petit retard pour Laurent Fignon, un grand succès pour Greg LeMond ... qui était sur le point de laisser tomber le vélo un mois et demi plus tôt ! Avec sa femme Kathy et ses parents qui étaient restés avec lui la dernière semaine – la famille est primordiale pour Greg – il s'est offert le hamburger dont il rêvait depuis trois semaines et il a passé la soirée au Moulin Rouge avant de revenir savourer une glace... sur les Champs-Élysées.

Laurent Fignon s'en est allé le 31 août 2010, victime d'un cancer. Adieu, "Maillot Blond", "Sunny Boy", "Filet Mignon", "Intellectuel du peloton", *Il professore* élève de Cyrille Guimard pour le vélo et d'Irène Frain pour la littérature. Je l'avais engagé comme consultant à Eurosport en 1992 dans une *Dream Team* dont j'étais assez fier avec Altig en langue allemande, Roche en anglais et Zoetemelk en néerlandais.

Bernard Hinault se sent de mieux en mieux dans sa Bretagne qu'il quitte de moins en moins. Il aime jouer les mécanos dans le magasin de vélos de son fils. Gregory James LeMond (qui s'écrivait LeMonde avec peut-être des origines françaises, le "e" a été supprimé pour une question de prononciation) revient régulièrement sur le Tour de France pour Eurosport et sa femme Kathy m'a demandé de lui trouver une maison du côté de Grimaud, mon village varois, là où repose... Henri Desgrange, le père du Tour de France.

Chapitre 18

Que la fête continue !

Il y en a eu beaucoup d'autres, des belles histoires, des aventures, des exploits, des échappées solitaires, des lanternes rouges, des maillots jaunes éphémères et des défaillances insurmontables.

Et pas seulement du côté des coureurs.

Il y a des corporations dans le Tour de France, dans cette communauté quelque peu disparate, dans cette grande famille que l'on quitte à regret, sur les Champs-Élysées, un dimanche soir, à la fin du mois de juillet.

Il y a une vie dans la caravane publicitaire. Et elle s'était agitée dans les années en 1975 quand mon ami André Dassaud – éditeur de mes livres sur les jeux Olympiques – y avait amené une escouade de *pom-pom girls* pour remplacer l'accordéon d'Yvette Horner !

Il y a les photographes, les cameramen, les reporters et leurs motards, les Truchon, Lamoureux, Durante, Boissonnade, Ric, Maurice Champion, Victor Cosson et Jacky Koch, mon ancien coureur du Sporting Club du Réveillon qui n'a pas connu la belle époque des années 1960, avec "l'étape des motards", dans la traversée des Landes. Dès le départ de Pau ou Bayonne, tous les motards fonçaient du côté de

Mont-de-Marsan vers une auberge en pleine forêt pour se régaler d'une omelette aux cèpes... et se relaxer dans les bungalows voisins où fourmillait un peloton d'accortes soubrettes. Aucun coureur n'avait l'idée de transgresser cette trêve, il n'y aurait eu aucun témoin pour relater ses exploits !

Il y a aussi les motards de la Garde républicaine qui font l'admiration du monde entier et qui ont toujours été dirigés par de fortes personnalités. Je les ai connus lieutenants ou capitaines avant qu'ils ne deviennent colonels ou généraux les Hartert, Duc, Grandchamp, Drollée, et aujourd'hui l'un de leurs chefs s'appelle Vincent... Pautrat ! Il y a eu les médecins Dumas, Boncour, de Mondenard, Miserez, Mazeaud, Porte, Ducardonnet, Nicolet.

...Et le fameux speaker Daniel Mangeas !

Il y a toute l'organisation qui rend la ville comme si de rien n'était, deux heures après l'arrivée des coureurs.

Il y a le monde de la radio et de la télévision qui travaille dans l'instant, et la salle de presse plus calme aujourd'hui que dans les années "machines à écrire". Là je ne citerai pas de noms, ils ont "fait" le Tour, ils ont bâti sa légende... et il y en a qui ont terminé aussi fatigués que les coureurs !

Il y a eu aussi des transferts du journalisme vers la direction du Tour, comme ceux de Jean-Marie Leblanc et de Christian Prudhomme...

Et il y aurait la belle histoire de Jacques Goddet à raconter avec son casque colonial, ses dix minutes de gymnastique quotidiennes sur le bord de la route, les marches qu'il grimpait quatre à quatre au siège de *L'Équipe,* rue du Faubourg-Montmartre, penché en avant, toujours pressé, « Quand on n'a pas le temps de faire du sport il faut au moins monter des escaliers ! » Il était né, presque, avec le Tour de France, en 1905, et il a succédé à Henri Desgrange à la tête de l'épreuve en 1936. Il a traversé tout le siècle pour ne déclarer forfait qu'en l'an 2000.

Le HD d'Henri Desgrange a disparu du maillot jaune en même temps que les temps épiques s'essoufflaient. Je passe une partie de l'année dans l'un des plus beaux villages de Provence, à Grimaud, dans une maison située à 500 mètres de celle où le créateur du Tour, qui a fini ses jours en 1940, face à la mer et à Saint-Tropez, la Villa Mia, qu'il avait achetée pour sa maîtresse. Et je vais à la Toussaint déposer un chrysanthème... jaune sur sa tombe. Je m'accorde la prétention – exagérée comme toutes les prétentions ! – de continuer à le faire communier avec le Tour de France actuel...

En un peu plus d'un siècle, en 2 100 et quelques étapes, chaque jour a connu son héros. Une victoire d'étape, une simple échappée même, marque à jamais son auteur, le seul fait de participer, « j'ai couru le Tour de France ! »

Ils ont joué leur rôle, et pour la plupart gagné une étape de l'après-guerre, ceux que je n'ai pas encore eu l'occasion de citer, les Albert Bourlon, et sa plus longue échappée de l'histoire, Pierre Cogan, Marcel Dussault, Jean Graczyk, Jean-Marie Goasmat, Vincent Barteau, Thomas Voeckler, Rudi Altig, Quilfen, Clère, Foucher, Beuffeuil, les frères Madiot, Danguillaume, les Simon, Millar, Vichot, Duclos-Lassalle, Lavaine, Meslet, Mathis, Thierry Marie, Parra, Herrera, Anderson, Pensec, Molinéris, Chaussabel, Mirando, Dotto, Laurédi, Lebaube, Letort, Agostinho, Rouxel, Chappe, Martin, Alban, Arbes, Epaud, Le Mellec, Labourdette, Raymond, Thurau, Campaner, Matignon, Lemétayer, Izier, Bellone, Bergaud, Privat, Dejouhannet, Gainche, Queheille, Thomin, Morvan, Teisseire, Vivier, Caput, Decaux, Quentin, Baffert, Sciardis, Trochut, Anglade, Grosskost, Riotte, Samyn, Stablinski, Ignolin, Forestier, Deledda, Tacca, Tassin, Diot, Massal, Idée, Fachleitner, Rémy, Pras, Wolfshohl, Maertens, Cazala, Mastrotto, Vallet, Martin, Seznec, Esclassan, Delépine, Tollet, Catieau, Hézard et mon ami Éric Caritoux, champion de France, vainqueur de la Vuelta, heureux vigneron des côtes du Ventoux et producteur de savoureuses cerises à Flassans. Sans oublier les grands Jean-Pierre Genet et Anatole Novak, Poulidor et Anquetil étaient ravis dans leur roue !

Et ceux qui n'arrêtaient pas de plaisanter, Hassenforder l'Alsacien, sélectionné dans l'équipe de l'Ouest « parce que sa grand-mère jouait du biniou », Letendre et sa danse du ventre, le facteur Le Dissez et sa gouaille de titi parisien qui vient de nous quitter, Karstens l'acrobate du vélo, Brambilla qui mettait son vélo dans son lit à l'arrivée d'une étape difficile – ce n'était peut-être pas dans le Tour, peu importe – en disant, « il le mérite plus que moi, s'il n'avait pas été là aujourd'hui je ne serais jamais arrivé ». Paul Giguet qui chassait la canette et qui était allé se servir à la cave d'un café en boissons fraîches, et s'est retrouvé enfermé, quand le peloton est passé et que la trappe a été refermée.

Et ceux qui auraient pu gagner le Tour, Jean-François Bernard, François Mahé, Jean-René Bernaudeau, Charly Mottet, Pascal Simon, Raymond Delisle, Sean Kelly, Kuiper, Bracke, Bauvin, Anglade, Motta, Jiménez, Van Springel, Rivière...

Et ceux qui l'ont gagné avec à chaque fois une belle histoire à la clé, Garin le premier, Ocaña (quel personnage !), Bottecchia, Aimar (a-t-il raison de se considérer comme le meilleur descendeur de tous les temps ?), Pingeon (le premier champion consultant télé en 1975 sur TF1), Indurain (dont on aurait beaucoup plus parlé s'il avait été français, 5 victoires de suite), Gimondi (quelle gentillesse, et ma maîtrise de l'italien me permit d'avoir eu des rapports privilégiés en 1965), Ullrich, Janssen, Roche, Delgado, Bahamontes (l'Aigle de Tolède, le pur grimpeur), Nencini, et Van Impe avec qui je partage les souvenirs de Peyresourde 1976 (victoire, merci Ocaña) et de l'Alpe d'Huez 1977 (chute).

Ils sont près de trois cents, ceux qui ont eu l'honneur de porter le maillot jaune, ou d'être à la tête de la course quand ce maillot n'existait pas.

Aucun Français n'a gagné le Tour depuis Bernard Hinault en 1985 mais ils sont 25 à avoir connu la joie, depuis, de porter le maillot jaune au moins une journée : Thierry Marie, Gaigne, Hinault en 1986, Mottet, Gayant, Jean François Bernard, Fignon en 1989, Pensec, Luc Leblanc (alors qu'un autre Leblanc, Jean-Marie, dirigeait le Tour en 1991) et puis Virenque, Lino, Durand, Jalabert, Moncassin, Heulot, Cédric Vasseur, Desbiens, Moreau, François Simon, Nazon, Voeckler, Dessel, Romain Feillu, Sylvain Chavanel, et jusqu'à Tony Gallopin en 2014.

Et puis il y a ceux qui ont fait parler d'eux comme Michel Pollentier, Richard Virenque, Lance Armstrong.

Michel Pollentier a fait rire toute la France lors d'un contrôle antidopage où il s'est fait prendre avec une poire en caoutchouc sous l'aisselle, remplie d'une urine autre que la sienne !

J'aime bien Richard Virenque et j'avais moins de sympathie pour Lance Armstrong qui vivait sa vie et ne recherchait pas le contact. Mais quel gâchis, quel dommage ! Ils auraient dû tous les deux entrer par la grande porte dans la légende. Le chiffre 7 leur a porté malheur.

J'étais le premier à interviewer Armstrong à sa descente de vélo quand il est devenu champion du monde à Oslo en 1993. Il venait tout juste de passer professionnel. Et qu'il revienne au premier plan, cinq ans plus tard, après son incroyable "doublé" – cancer du cerveau-cancer des testicules –, et qu'il gagne 7 Tours de France consécutivement de 1999 à 2005, relevait de l'exploit légendaire ! Avec une vitesse moyenne incroyable en 2005 de 41,654 km/h !

Quant à Richard, l'un des plus jeunes maillots jaunes de l'histoire, ses deux places sur le podium en 1996 et 1997, et surtout ses 7 maillots à pois rouges méritaient mieux que le sort qui lui a été réservé... " à l'insu de son plein gré!" Je lui saurai toujours... gré d'avoir battu le record d'audience d'Eurosport, quand je dirigeais cette chaîne en 1997, dans l'étape de Courchevel lors de son duel avec Ullrich. Il est sans doute le dernier à avoir galvanisé les foules et déchaîné les passions. Il est depuis dix ans un consultant avisé et sans langue de bois sur Eurosport. L'un de mes préférés.

La mondialisation a inspiré les Anglo-Saxons. Après le faux règne d'Armstrong, les Anglais ont pris le pouvoir avec Wiggins et Froome, en attendant Yates, dont le visage est un amusant mélange de Kelly, Zoetemelk et... Macron ? Autres temps, autres courses, le cyclisme scientifique, millimétré d'aujourd'hui ne génère plus les mêmes épopées. Même si le Tour de France en reste une à lui seul, chaque année... et si la fin du Giro 2018 nous a redonné quelques espoirs !

Ah ! si ces belles histoires pouvaient inspirer le peloton actuel... On rêve de chevauchées victorieuses au long cours, de "casseurs de barraques", de démarrages au pied des cols, et même de mémorables défaillances. Allez, lâchez vos watts ! Et qu'à l'image des footballeurs qui ne jurent que par M'Bappé, on puisse entendre les spectateurs s'égosiller « j'M'Bardet, j'M'Barguil ! ».

Si Victor Hugo – je conclus comme j'ai commencé ! – a dû attendre ses 80 ans pour voir son nom inscrit au palmarès des rues parisiennes, le vainqueur du Tour de France, lui, peut lire aussitôt le sien au bas d'un palmarès tout aussi prestigieux.

Et il règne l'espace d'un après-midi d'été sur l'Arc de... triomphe et sur la plus belle avenue du monde, les Champs-Élysées... où séjournaient les âmes vertueuses selon la mythologie grecque.

Achevé d'imprimer par Corlet, Imprimeur, S.A. - 14110 Condé-sur-Noireau
N° d'Imprimeur : 197773 - Dépôt légal : juin 2018 - *Imprimé en France*